全国艺术职业教育系列教材·高职卷

中国艺术职业教育学会推荐教材

求职择业指导

主　编　张　云　延凤宇

副主编　王　红　胡彩红　张　安　张　梅

编　委　邱志海　赵尤楠　冯　羿　王　玮

　　　　王义平　相金申　何春丽

WUHAN UNIVERSITY PRESS
武汉大学出版社

图书在版编目(CIP)数据

求职择业指导/张云,延凤宇主编.—武汉:武汉大学出版社,2012.11
(2021.7 重印)
全国艺术职业教育系列教材·高职卷
ISBN 978-7-307-10131-9

Ⅰ.求… Ⅱ.①张… ②延… Ⅲ.大学生—职业选择—高等职业教育—教材 Ⅳ.G647.38

中国版本图书馆 CIP 数据核字(2012)第 231997 号

责任编辑:詹 蜜 责任校对:刘 欣 版式设计:韩闻锦

出版发行:**武汉大学出版社** (430072 武昌 珞珈山)
(电子邮箱:cbs22@whu.edu.cn 网址:www.wdp.com.cn)
印刷:武汉中科兴业印务有限公司
开本:787×1092 1/16 印张:9 字数:190 千字 插页:2
版次:2012 年 11 月第 1 版 2021 年 7 月第 9 次印刷
ISBN 978-7-307-10131-9/G·2616 定价:26.00 元

全国艺术职业教育系列教材·高职卷
总 编 委 会

总　序

在我国实施文化强国战略和职业教育事业实现跨越式发展的大背景下，艺术职业教育在办学理念、办学规模、办学效益以及教学改革、培养质量和办学条件等方面都取得了长足进步。六十年传统积淀、十余载创新发展，伴随着中等职业教育的稳定前行，高等艺术职业教育蓬勃而兴，不仅提升了我国艺术职业教育的层次和水平，更为艺术职业教育注入了巨大生机与活力。

当前，艺术职业教育机遇与挑战并存，特色与创新共进。紧跟文化产业发展步伐，适应艺术人才就业岗位需求，厘清艺术职业教育思想，更新艺术职业教育教学方法，完整科学的艺术职业教育教材体系的建立对实现我国艺术职业教育又好又快发展，无疑具有战略意义。

全国艺术职业教育系列教材建设是文化部、全国文化艺术职业教育教学指导委员会、中国艺术职业教育学会启动的艺术职业教育质量工程之一，它是为了适应新形势下我国艺术职业教育发展需要而编撰出版的系列教材。其选编思路是主动适应国家文化产业升级发展需求，对接行业、职业标准；打破学科框架束缚，以项目、任务为导向组织教材内容，突出学生能力培养，体现艺术类专业基于实践的科学合理的学习过程；注重国际视野站位与先进教学技术手段的运用，反映文化艺术行业、产业发展的新方向和新趋势；同时注重收纳具有民族精神与民间特色的非物质文化遗产内容，实现高校文化传承功能。

全国艺术职业教育系列教材涵盖音乐、舞蹈、戏剧、美术等各个艺术门类，分高职卷和中职卷，按照宜统则统，宜分则分，分类分步，梯次推进的原则，重点开展专业核心课、专业基础课、公共基础课教材的开发与建设，计划在"十二五"期间完成60种以上教材的编撰工作。本次系列教材编写联合全国18所高职艺术院校，集中全国艺术职业教育的优质资源，着力打造一批理念先进、内容科学、构架合理、特色鲜明的艺术职业教育精品教材。

全国艺术职业教育系列教材的出版，是对不断深化的艺术职业教育教学改革成果的总结。我们相信，它的广泛使用，将为实现全国优质艺术教育教学资源共享搭建平台，使艺术职业教育教学行为更系统、规范、科学，从而推进全国艺术职业教育教学的整体持续发展，为实现文化强国战略提供坚实的人才支撑与质量保障。

总编委会

2012年9月

序

　　人生是一次航海旅行，职业便是这段人生的风向标。风向标如何指引着人生的风帆驶入正确的航道，是大家一直在思考的问题。职业生涯规划逐渐开始进入大家的视野。

　　职业生涯规划是美国学者20世纪50年代提出的概念，它从促进人生健康发展、组织协调发展的角度，结合时代特点，根据自己的职业倾向，确定其最佳的职业奋斗目标，并为实现这一目标做出行之有效的安排。随着我国社会的不断发展，当代大学生应及早地确立"职业生涯"的概念，并结合自身实际情况，最终实现职业理想和职业目标。

　　艺术类学生作为大学生群体的重要组成部分，应及早对自己的职业进行正确的定位，规划合理的职业方向。在党的十七届六中全会中，提出了建设"文化强国"的口号，为坚持中国特色社会主义文化发展道路指明了道路，也为艺术类学生的职业目标指引了方向。同时制定的《中共中央关于深化文化体制改革推动社会主义文化大发展大繁荣若干重大问题的决定》，在政策上大力扶持我国文化产业，为艺术类学生提供了广阔的空间。作为艺术类学生，应该及时抓住机遇，充分准备，树立良好的未来意识和责任意识，从而走向成功的职业道路。

　　本教材主要以艺术类学生作为职业生涯发展和就业指导的对象，以教育部颁发的《大学生职业发展与就业指导课程教学要求》作为指导思想，将文件所要求的课程目标、教学内容和教学模式等作为编写指南，并结合当前职业生涯规划理念的特色，对学生进行针对性的指导。

教材立足于现实，通过帮助学生完善自我和职业的认知，明确奋斗目标，掌握求职、择业的技能，提高职业素养和核心竞争力；通过激发学生职业生涯发展的主动意识，引导树立正确的职业价值观，在学习过程中自觉提高就业能力和生涯规划能力，理性地规划自身未来的发展。鉴于此，本书具有以下三个方面的特点。

第一，紧密结合学生实际。本书针对当代大学生的认知特点，充分结合艺术类学生的实际需求，从实践层面强化就业指导，引用了许多大学生职业规划和求职中的真实案例，并进行了深入浅出的分析。将职业生涯规划的专业性要求充分融合到艺术类学生职业规划的现状中。

第二，较好满足教学需求。本书主要根据授课教师实际教学需求来编写，教师可根据本书内容，设计出一堂既具知识系统性又富有个性的课程。

第三，具有较强的应用性。本书包含了六个单元，每个单元采用模块式的编写体例，由职业故事、就事论事、专家评述、延伸阅读、课堂练习、课后作业等构成，各单元相对独立，又紧密联系，架构设计新颖，职业故事引出的问题和理论分析容易引起学生的共鸣，增强了学习兴趣。同时使教授和学习过程循序渐进，让学生将所学内容能够深入理解和把握，最终能有效地应用到实践中。

本书以当代中国大学生的实际情况为基础，以促进艺术类大学生未来职业发展为目标，结合当前我国的就业情况，为同学们提供了丰富的就业实例及就业经验，通过对本书的学习，衷心希望各位同学不断提高自身的职业素养和就业竞争力，将个人发展与社会需求相结合，树立正确的职业观，为大学青春谱写一首壮丽的歌。

安徽省文化厅厅长　杨果

目　录

第一章

分析环境 合理决策

未选择的路

The Road Not Taken

黄色的树林里分出两条路，

Two roads diverged in a yellow wood,

可惜我不能同时涉足，

And so sorry that I could not travel both and be one traveler,

我站在那路口久久伫立，

Long I stood and looked down on as far as I could,

我向着一条路极目望去，直到它消失在丛林深处。

To where it bent in the undergrowth.

但我选择了另一条路，

Then took the other, as just as fair,

它荒草萋萋，十分幽静，

And having perhaps the better claim,

显得更诱人，更美丽；

Because it was grassy and wanted wear;

虽然在这两条小路上，却很少留下旅人的足迹。

Really about the same, and both that morning.

虽然那天清晨落叶满地，两条路却未经脚印污染。

Equally lay in leaves, no step had trodden black.

啊，留下一条路等改日再见！

Oh, I kept the first for another day!

但我知道路径延绵无尽头，

Yet knowing how way leads on to way,

恐怕我难以再回返。

I doubted if I should ever come back.

也许多年后在某个地方，

I shall be telling this with a sign somewhere,

我将轻声叹息将往事回顾；

Ages and ages hence;

一片树林里分出两条路——

Two roads diverged in a wood,

而我选择了人迹更少的一条，

And I—I took the one less traveled by,

从此决定了我一生的道路。

And that has made all the difference.

　　这首充满田园气息的小诗出自被誉为"新英格兰的农民诗人"的美国诗人罗伯特·弗罗斯特之笔，一百年来被人们所传诵，还被选入了人教版《语文》七年级课本中。看似吟唱的诗文中暗示着人生道路抉择的哲理：当我们开始做出人生抉择的时候，似乎有千万条道路，但很多人往往只能选择一次，并沿着这条路走过一生，永远不能回到最初的选择点上。

　　23岁开始，我们完成了近二十年的知识能力储备，即将开始真正意义上的人生之路，在这条路上，我们要走上近四十年，每年要走上近三百天，每天至少走上八个小时，这不断行走的八万多个小时就是我们的职业。职业陪伴我们的时间超过生命中其他任何的人或事，从某种意义上讲，职业之路就是人生之路，承载着幸福和悲伤，谱写着喜怒哀乐。可见，职业道路的抉择对我们何等重要。面对每次职业抉择时的压力、困惑、挑战，我们没有可逃避的退路，只有做出抉择。

第一节　认识职业决策

　　决策，通俗谓之"选择"。我们每天都在进行着大大小小的决策，小到吃一顿怎样的早饭，大到一个项目的执行方案。决策每天都伴随在我们的周围。只是有些决策小到我们可以忽略不计，即使不尽如人意也无关痛痒，而有些决策却大到可以影响到我们的生活状态，甚至前途命运。

　　决策的困难还不仅仅如此。古希腊哲学家就曾这样形容过决策："人不可能同时踏入两条河流。"我们不仅必须随时做出选择，还必须学会舍弃，从一堆可供选择的方案中，突破一个又一个两难或多难困境，选择最佳的方案。每次决策都是一个突破，我们在一个又一个决策中收获成长的经验，获得并享受成长的真实感和力量感。

职 业 故 事

晓雯，女，21岁，某大学美术系大二学生。

她乐观、外向、健谈、热情，喜欢结识新朋友，人缘好，比较敏感，对人和事通常都有细致的洞察力；喜欢独立做决定，很有责任感，擅长写作；学业成绩优秀，多次获得奖学金。她最大的生活梦想就是周游世界；最大的职业梦想是成为白领精英。她做过一些测评，如MBTI中测得的人格类型是ESFJ，霍兰德职业兴趣与能力倾向量表的结果是社会型，价值观量表中显示她看中的是职业中的社会交往，认为工作的目的和价值在于能和各种人交往，建立比较广泛的社会联系和关系，甚至能和知名人物结识。

因此，她想从事跟人打交道的工作，最好能运用自己的绘画特长。经过考虑，她觉得美术教师、广告策划和人力资源专员这三种工作都可以作为自己的选择，而她父母的意见是女孩子做中学教师工作稳定，也能照顾家庭，希望她做教师。究竟哪一种职业更适合自己的发展和生活的平衡？她难以做决定。

就 事 论 事

上面的情况并不是个例，很多大学生在毕业面临职业决策的过程中，都会表现出缺乏对职业和自我的合理认识和定位，犹豫不决、不知所措，面对各种就业机会感到迷茫，对于职业决策和职业选择能力不足，无法做出明确的职业决策，由此而引起一系列的反应，比如焦虑、挫折感，甚至不敢正视现实、面对未来，这其实是职业决策困难的典型表现。

如果把职业生涯规划比作从象牙塔迈向人生的系统的、阶段性的计划，那么职业决策就是迈出象牙塔门槛前的那关键一步。我们在打开门之前，要能预见将有哪些职业之路摆在面前；在推开门的时刻，心中要有一条明确的道路；在打开门之后，要排除干扰坚定地选择自己的人生之路。

专 家 评 述

一、决策与职业决策

20世纪30年代，美国管理学研究者提出了"决策"一词，时至今日，对"决策"概念的界定不下百种，其中比较有代表性观点，如西蒙认为：决策是对行动目标与手段的探索、判断、评价直至最后选择的全过程；孔茨认为：决策是从行动方针的备选方案中进行选择；我国学者俞文钊认为：决策是一种判断，是从若干项方案中的选择。这种选择通常不是简单的"是"与"非"之间的选择，而是一个缺乏确定性的环境情景的选择。国内有研究将其众多决策概念归纳为决策者参照特定情境和自身特点，按照自己的意图或某种规则，对一切可能出现的结果给出效用评估，最终选择最优决策效果的思维和行动的全过程。

职业决策是决策理论在职业发展方面的应用。职业决策概念界定中比较有代表性的是吉普森，他认为职业决策是一个复杂的认知过程，通过此过程，决策者组织有关自我和职业环境的信息，仔细考虑各种可供选择职业的前景，做出职业行为的公开承诺。

二、职业理论研究对职业决策的诠释

1. 人职匹配理论

1909年，美国波士顿大学教授帕森斯提出了"人职匹配"的职业理论，指出职业选择和职业指导过程的三个步骤：一是个体对个人特质、背景经历的客观评价；二是摆在求职者面前的职业信息及求职者分析职业对其自身的要求；三是人和职业之间的平衡。该理论突出个体的自我知识和工作世界的知识相互匹配，并达到最佳的适合程度，形成个人与职业环境相适合的职业决策模式。

2. 职业兴趣理论

1959年，霍兰德提出了具有广泛社会影响的职业兴趣理论。他指出，人的人格类型、兴趣倾向与职业密切相关，他从静态的角度，将人和环境划分为现实型、研究型、艺术型、社会型、企业型或传统型六种类型；该理论强调个人心理属性与职业要求的理想结合，主张个性与环境相匹配才能达成职业目标。在职业兴趣理论基础上，开发了霍兰德职业测评量表，用于预测个体的职业决策行为。

3. 社会认知职业理论

该理论是源于班杜拉的一般社会认知理论。该理论以自我效能、结果期望、目标设定3个概念为核心，形成互为因果的模型（见图1-1）。该理论特别强调"个人—环境"相互作用，认为个人的属性，如内部认知、情感状态和身体属性与外部环境因素、外显行为双向地相互影响。社会认知职业理论将职业选择和发展视为一个复杂的系统工程，不仅涉及心理问题，而且还涉及社会、经济等方面的影响，并将社会发展、经济因素对职业自我效能的形成、选择的作用有机地融入自己的理论。

4. 工作适应理论

由美国职业学家戴维斯和罗奎斯特等人提出，主要关注个人职业与环境相互适应的问题，指出成功的职业适应是个人和工作环境之间能够切合彼此需求的连续过程。该理论可以很好地解释个人对组织的满意度问题和组织对个人的满意度问题。当我们走上工作岗位后，感到工作不顺心或失落时，要考虑是因为自己的能力不足，还是因为组织不能满足自己的需求，澄清其中不适应的原因，有益于我们进行调整，从而做出正确的职业决策和职业行为。

以上四种理论都强调个人特点与他所选职业的特点之间的匹配度是职业决策的关键，但又各有所侧重。帕森斯的职业生涯决策匹配模型与霍兰德的兴趣和职业选择理论更多地侧重于从静态的角度解决个人心理属性与职业要求的理想结合问题，并特别关注

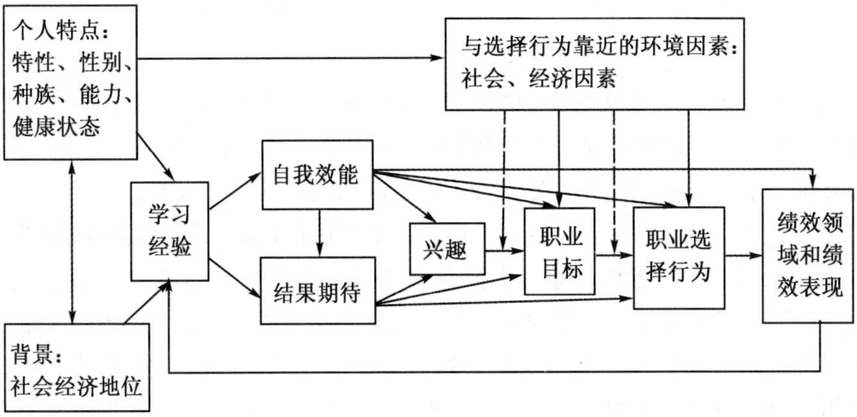

图 1-1　社会认知职业理论模型

人生初期的职业选择；社会认知理论将心理、社会、经济等影响因素通过自我效能、结果预期和目标三个核心概念整合起来，将心理、社会、经济等因素整合起来，动态性地揭示职业选择过程；工作适应理论重视个人职业关系的动态变化，采用更多的需要类型来测量个体和环境的一致程度，但其更多地关注个体在进入职业后的调适问题。

当然还有一些其他理论，如职业需要理论、职业锚理论等，各有特点，对于丰富个体对职业的认识和决策起到了巨大的推动作用。

三、职业决策的复杂性

虽然诸多职业理论对职业决策做出了诠释，甚至是方法上的阐述，但在实际操作的过程中，我们很难仅凭理论指导或量表进行一一对照。因为职业决策是一个复杂的过程，存在决策的困境和风险。同时，影响职业决策的因素也相当复杂。

（一）职业决策的困境

1. 不确定性

从寝室到食堂有两条路，一条比另一条长 500 米，你会选择哪条路？毫无疑问，你会选择更近的路，除非你想锻炼身体。如果职业决策能像这样清晰、可测，一切就简单了。职业决策是不可完全预测的，就好像买一只股票，所有的分析你都做好了，认为一定会涨，可惜遇到连续几个跌停。既然无法完全预测，我们就必须承担风险和责任。我们能做到的是如何将风险和责任尽量减少，这就是职业决策的技巧所在。我们要学会选择正确的方向，因为对未来的事情做出完全正确的选择很难，但选择正确的方向是可以做到的。一项职业选择是否正确，从某种意义上来说，取决于其对未来的意义，而不是眼前的薪水和职务。你想要怎样的生活，你想要实现怎样的人生价值，这才是你的方向。

2. 雪球效应

我们儿时都有过滚雪球的经历，从一小团雪球开始，沿着一个斜坡一直滚下去，越滚越大，越滚越快，到后来甚至很难停下来。不少人都有这样的择业理念，先找一份工作干着，等积累了一定的经验和财富后，再去追求自己喜欢的工作，这完全是为自己决策不定或不能摆脱各种诱惑寻找的借口。比如，有些学美术的学生，从事美术创作是他们的职业梦想，但单纯的从事美术创作的职业道路是非常艰辛的，特别是在职业之初，很难有立竿见影的职业成就。于是，有的人就做出这样的职业决策，先找一个不错的企业，结合自己的专业背景，先做企划工作，工资待遇比较高，晋升也会快很多，等工作10年左右，自己有了一定的积累，再投身到自己喜欢的美术创作中，这仿佛是一个不错的职业选择。我们试想一下其职业发展路径：进入公司的前3年，要做大量的基层工作，根本没时间从事美术创作；再经过3~5年的历练后，积累一定的经验和能力，成为公司的中层职员，开始独当一面，而此时，他已经有一个自己的工作和社会圈，并开始组建家庭，承担的社会责任也开始增加；再经过3~5年发展，其事业和家庭都比较稳定，社会交往面扩大，在公司中也有了一定的基础和地位，甚至到了较高的职位，这个时候，让他来放弃现有的一切，再投身到自己20岁时梦想的职业中，还有多少可能。这就是雪球效应，到这个时候，可能才发现自己并不想继续推着这个职业雪球滚下去，可惜这个雪球已经带着你不停地滚下去了。很多人到了中年都会发出感慨：走得太远，已经忘记了为什么出发，最美好的理想都留在了20几岁的青春岁月中。

3. 机会成本

"机会成本"是一个经济学名词，指从事某一种业务而损失别的业务的代价。如一个企业拥有两百万元资金，如果用于别的一项投资，企业可以获利两千万元，但现在只获利一千五百万元，可见，获利一千五百万元的投资的机会成本是两千万元，净损失五百万元。可见，机会成本不是指实际的货币开支，而是指本来可以得到，但实际没有得到的损失。职业选择同样需要成本，付出的成本太高，就可能影响我们的选择，也会使我们的人生和职业生涯留下太多的缺憾。相反，如果一开始就能做出正确的选择（或者选择正确的方向），就能降低个人选择的成本，创造更多的"利润"（人生价值）。我们经常会听到一些同学抱怨自己并不喜欢自己的专业，但是从小到大，从事艺术专业的学习已经花费了太多的财力和精力，如果现在放弃将是多大的损失啊。但实际上，每一份职业都有很大的职业外延，比如学舞蹈的同学，除了从事专业表演以外，可以继续深造成为舞蹈老师，可以到企业从事文体工作策划，可以从事舞蹈类的美术设计，等等。总有一种生活既可以发挥你的专业特长，又适合你的职业兴趣。你必须清楚一点：职场发展犹如爬树一样，向一条树干上爬得越高的人，退下来的难度也就越大，而且越是等待观望，所付出的代价就越大。

(二) 职业决策的影响因素

国内外对职业决策影响因素的研究很多，如著名职业辅导理论家克朗伯兹（Krumblotz）将影响个人职业决策的因素分为四类：遗传和特殊能力、环境和重要事件、学习经验和任务取向的技能；还有学者认为个体归因方式、情感表达方式、家庭环境等对职业决策也有影响。从研究的现状看，可简单归纳为外因和内因两个方面。

1. 外因方面主要是家庭因素和社会因素

这其中家庭因素主要包括家庭所在地、父母受教育的程度、家庭成员的关系、家庭成员行为方式等对个体的决策能力有一定影响。在中国，父母的意见对孩子的职业决策有着巨大的影响。我们经常可以看到在毕业前期频繁与家长交换意见的学生，一方面是急切寻求摆脱困惑，另一方面是征求父母的同意，获得家庭认可，往往学生感兴趣的职业决策会受到来自父母的阻力。社会因素主要包括国家政策、学校层次、专业需求、大众媒体等方面。在中国，国家政策导向对学生职业决策影响很大。如当前引导和鼓励毕业生面向基层就业的政策，将机会倾向有基层成长经历的学生，在一定程度上促进了学生树立基层创业立业的价值观，以及把基层作为起点成长成才的职业途径。

2. 内因方面主要包括技能和心智

个体所掌握的技能是从事职业决策的重要依据，有与生俱来的优势技能和后天习得的专业技能，当然很多人都会通过学习，将优势技能发展成专业技能，如有音乐天赋的人选择声乐专业。在职业决策中，多一种技能也就意味着职业选择的范围更大。而心智部分是个体遗传特征、成长经历、学习经历、自我内省等综合的体现，其外在表现为个性特征、兴趣爱好、价值观等。内因是职业决策中重要的可控部分，在大学阶段，可通过职业拓展训练加以提升。

✿ 延 伸 阅 读 ✿

常见的职业决策风格

每个人由于其个性特点的不同，在对职业做出决策时会呈现不同的心理状态，从而表现为一定的职业决策风格。

1. 宿命型

一切都由命运掌握，跟随社会的发展即可，走到哪里算哪里，事情会自然而然地发生，让外部环境决定职业的发展。该类型的个体通常具有低水平的自尊、职业认同和自我明晰，他们还可能只有很少的职业信息，而且倾向于外控。

2. 直觉型

从内心深处感觉是这样的，就这样决定了，跟着感觉走，相信自己的直觉，根据直觉对职业进行决策。

3. 挣扎型

在众多选择中我该怎么办呀？这个社会太复杂，无法选择，在各种选择中不能自拔，或前怕狼后怕虎，既想实现远大的理想，又不敢面对现实的无奈。通常这种类型的个体在进行职业决策时需要较长的时间，且犹豫不决。

4. 麻木型

不愿做出选择，每天都在一种无职业意识的状态中度过，对外部世界的变化失去敏感，不愿为自己的职业发展多动脑子。这种类型的个体通常表现为当一天和尚撞一天钟，不追求进步与自我提升。

5. 冲动型

不经过策划和准备，直接就冲了出来，很少对未来进行思考和分析，按自己的第一个想法行事。

6. 拖延型

事情总会解决的，现在不用关心，不用谋划，车到山前必有路，船到桥头自然直，到时自然会有解决的办法，不愿对自己承诺，也不会承诺。

7. 顺从型

依附于组织或其他人，你说怎么办就怎么办，我是革命一块砖，你说向哪里搬就往哪里搬吧，让组织或其他人为自己做决定，按照别人的思路发展自己。

8. 控制型

认真分析自己和外部职业社会，综合考虑各方面因素，果断自信地决定自己的职业定位与职业方向，敢于自我承诺、自我挑战，有计划、有策略、有控制地发展自己的职业生涯，合理动态地管理自己的职业发展。

9. 紊乱型

也认真分析过自己和外部职业社会，但职业方向在发展过程中，不断变化和调整，没有真正确定过到底要做什么，一会儿东一会儿西，自己把自己搞迷惘了。

毫无疑问，控制型是较理性的决策类型，个体在进行职业决策时，应根据上述几种情况分析自己究竟属于哪种类型，分析并弥补决策时的不足，只有这样，才能保证职业生涯朝着正确的方向发展，从而实现职业的成功。

第二节　SWOT 分析法在职业决策中的应用

如果把职业生涯规划比做从象牙塔迈向人生的阶段性系统职业计划，职业决策就是迈出象牙塔门槛前的那关键一步。作为一个即将开始人生旅途的人，你能到哪里，能走多远，不仅仅取决于你想到哪里去。你行囊里食物、水的多少，有哪些装备，有几张地图等，在一定程度上决定你的路途。

从接受启蒙教育开始到大学毕业，我们经过了长达近 20 年的系统教育。你的知识结构、自身能力、道德修养、性格特征等构成你面对职业征途的行囊。我们不仅要清楚自己的行囊，更重要的是及时添加必要的物件。

职 业 故 事

在美国，有一个关于职业发展的寓言故事，这个寓言故事讲的是：

森林里的动物们开办了一所学校。学生中有小鸭、小鸟、小松鼠等，学校为它们开设了唱歌、跳舞、跑步、爬山和游泳5项课程。第一天上跑步课，小兔兴奋地在体育场跑了一个来回，并自豪地说："我能做好我天生就喜欢做的事！"而看看其他小动物，有撅着嘴的，有沉着脸的。放学后，小兔回到家对妈妈说："这个学校真棒！我太喜欢了"。第二天一大早，小兔蹦蹦跳跳来到学校，上课时老师宣布，今天上游泳课。只见小鸭兴奋地一下跳进了水里，而天生恐水、不会游泳的小兔傻了眼，其他小动物更没了招。接下来，第三天是唱歌课……学校里的每一天课程，小动物们总有喜欢和不喜欢的。

透 过 现 象

这个寓言故事讲了一个通俗的道理，那就是"不能让鸭子去爬树，让兔子学游泳"。一个人想获得成功的人生，就必须发现并运用好自己的优势，且不能投身于自己不擅长的职业中，那样只会事倍功半。

个体所具备的优势是在成长中获得的，是遗传基因、成长经历、兴趣爱好、技术能力、学习经历等内外因共同作用的结果。运用好自身优势，就是优化自身价值，发挥自身潜能的过程。因此，我们在进行职业选择前，要对自己的优劣势进行审视，发现职业环境中适合发挥自己优势的职业选择方向，把自身优势与职业环境优势作为职业决策的重要依据。

专 家 评 述

一、认识 SWOT 分析法

SWOT 分析法又称态势分析法，是 1971 年由哈佛商学院的安德鲁斯教授在《公司战略概念》一书中提出的。SWOT 四个英文字母分别代表：优势（Strength）、劣势（Weakness）、机会（Opportunity）、威胁（Threat）。SWOT 分析法常常被用于制订企业发展战略和分析竞争形势。其中，SW 是微观部分，代表企业内部因素；OT 是宏观部分，代表企业外部因素。企业管理者常使用这一工具来扫描、分析整个行业和市场，发现企业的生存和发展所面临的外部环境影响和内在制约因素。其中，宏观的外部因素既有可能给企业带来盈利的机会，又有对企业发展的威胁；而企业内部也存在推动发展的优势和不利于把握宏观机遇的劣势。通过 SWOT 分析，企业的经营者既可把握各种能够充分发挥自己优势的机会而获取收益，也可考虑各种可能因自己实力不足而面对的威胁和措手不及而造成的损失。简表见图1-2：

内部	优势（Strength）： 1. 2. ……	劣势（Weakness）： 1. 2. ……
外部	机会（Opportunity）： 1. 2. ……	威胁（Threat）： 1. 2. ……

图 1-2　SWOT 分析法模型

SWOT 分析法不仅被广泛应用到企业管理、项目规划、市场分析等领域，还被引入到个体的职业生涯管理和分析中。其中，微观部分（SW）是个体的自我认知，通过测评、内省等方式，对自己进行剖析，发现自己在今后的职业决策中哪些是可以利用的优势，哪些是必须克服的弱点，从而认清自我，这是职业决策的基础；宏观部分（OT）是个体在选择职业时，外部存在的职业机会与威胁的信息，包括当前大学生就业政策、经济形势、用人单位需求情况、相同专业毕业生情况等。由于个体差异，不同人面临不同的外部机会与威胁，宏观环境的不可控制性使得个人必须不断调整自己的知识技能，才能适应环境的要求。

二、SWOT 分析法在职业决策前的运用

正确的职业生涯决策源于系统的思考与分析，它需要对个人的长处和短处以及所面临的机遇与挑战进行综合分析。在进行职业决策之初，我们可能有 3~4 个甚至更多的职业选择，每一种选择都会存在机遇与威胁，那么如何去选择最有利于自身发展的职业呢？我们可以通过 SWOT 分析法进行分析评估，帮助我们筛选出最优的职业定位（见图 1-3）。

对于图 1-3，我们无须再多做解释。通过 SWOT 分析，个体知识结构、专业技能、性格特征等优劣势一目了然；对就业政策、就业机会、供需情况等职业环境也有了清晰的认识。在这个基础上开展职业决策应该更加有的放矢。

在这里还要指出，只是对优劣势的了解是不够的，关键是如何把 SWOT 的结果应用到职业决策中去，这才是学习这种方法的关键所在。其方法见图 1-4。

	优势（Strength）	劣势（Weakness）
内部	指个体可控并可利用的内在积极因素，如： *工作经验； *教育背景； *丰富的专业知识和技能； *特定的可转移技巧（如沟通、团队合作、领导能力等）； *人格特质（如职业道德、自我约束、承受工作压力的能力、创造性、乐观等）； *广泛的个人关系网络； *在专业组织中的影响力； ……	指个体可控并努力改善的内在消极因素，如： *缺乏工作经验； *学习成绩差，专业不对口； *缺乏目标，且对自我的认识和对工作的认识都十分不足； *缺乏专业知识； *较差的领导能力、人际交往能力、沟通能力和团队合作能力； *较差的寻找工作的能力； *负面的人格特征（如缺乏自律、缺少工作动机、害羞、情绪化等）； ……
	机会（Opportunity）	威胁（Threat）
外部	指个体不可控但可以利用的外部积极因素，如： *就业机会增加； *再教育的机会； *专业领域急需人才； *由于提高自我认识、设置更多具体的工作目标带来的机遇； *专业晋升的机会； *专业发展带来的机会； *职业道路选择带来的独特机会； *地理位置的优势； *强大的关系网络； ……	指个体不可控但可以使其弱化的外部消极因素，如： *就业机会减少； *由同专业的大学毕业生带来的竞争； *具有丰富技能、经验、知识的竞争者； *拥有较好的寻找工作技巧的竞争者； *名校毕业的竞争者； *缺少培训、再学习造成的职业发展障碍； *工作晋升机会十分有限或者竞争激烈； *专业领域发展有限； *公司不再招聘与你同等学力或专业的员工； ……

图 1-3　个体 SWOT 分析模型

项　目	S（优势）	W（劣势）
O（机会）	SO：发展型 合理规划，竞争发展	WO：约束型 调整自己，重新规划
T（威胁）	ST：脆弱型 深入分析，调整定位	WT：紧缩型 放弃选择，另找方向

图 1-4　大学生职业选择的 SWOT 战略分析

可见，其中最有利的组合是发展型（SO）组合，也就是外部好的职业机会与个人优势的结合。在这种组合下选择的职业目标是最为合理，也是最有利于个体发展的；如果好的就业机会同个体劣势组合，就会呈现出约束型（WO），此时大学生在利用机会时受到其自身劣势的约束，如果要实现这种职业目标，个体就必须克服自身弱点，变劣势为优势；当个人有很强的竞争优势，而职业环境机会不利时，称为脆弱型（ST），在这种情况下，必须深入地分析当时的就业环境，扩展职业选择的外延，探索适合职业的新职业途径，如果的确没有机会，就得考虑其他的发展途径，如升学、自主创业等；最后一种情况是个人既不具备竞争的优势，又没有好的职业环境，称为紧缩型（WT），这种情况是十分危险的，个体要重新进行自我塑造，在知识、技能和专业上要进行大的调整，积极适应就业形势，寻找就业机会。

在面对两难或多难的决策时，SWOT 战略分析的组合式筛选十分有效，能让我们将个体与环境紧密联系起来，将每一种职业决策分析透彻，更有利于我们做出正确决策和调整。

三、SWOT 分析法在职业决策后的运用

正如我们前面所提到的，SWOT 分析法不仅被广泛应用于企业对内外部形式的分析，对于已经制定的发展战略，我们也可以通过这种方法进行优劣势分析，从而扬长避短，保证战略目标的实现。在职业发展中，我们采取 SWOT 分析法对职业目标进行筛选，帮助我们做出最优的职业决策。被选定的职业目标就是我们人生发展的战略目标，为了保证这一目标的实现，仍需进一步分析所面临的内外部环境，调整自我，调整实现目标的路径。

我们可以通过表 1-1 来加深理解。

基本信息：小任，大专在读，二年级下学期，某省属艺术类专科学院美术专业，职业目标是：广告公司设计师。

表 1-1　　　　　　　　　　　小任职业选择的 SWOT 战略分析

		优势（Strength）	劣势（Weakness）
内部		教育背景：5 岁开始学习绘画；美术专业毕业	工作经验：毕业即开始工作，工作经验不足
		工作经验：暑期在广告公司兼职	学习成绩：成绩中等偏上
		丰富的专业知识和技能	知识缺陷：计算机绘图知识较弱
		个人能力：沟通能力强	能力缺陷：工作缺乏耐心，开拓性不够
		人格特质：承受能力强、活泼开朗	个性缺陷：容易急躁，坚持力不够
		个人关系网络：兼职期间认识很多客户朋友	

	机会（Opportunity）	威胁（Threat）
外 部	就业机会：此专业就业机会很多 专业领域：人才较多但高端人才不足 地理优势：省会城市机会较多 人际优势：兼职工作中建立一定人脉	岗位竞争：同专业的大学毕业生人数不少 高端人才：本科生和研究生不少， 　　　　　有工作经验的社会人员不少 就业形势：经济危机对广告业的冲击 公司需求：更青睐有工作经验的员工

通过对职业目标实现的 SWOT 分析，我们认清理想与现实的距离，知道了自己所面临的环境压力。接下来，就是要有针对性地制订详细的知识能力提升计划，削弱自身内部不足对职业目标实现的影响。同时，要谨慎对待外部环境中的不利因素，对于不能逾越的困难，必须结合环境优势进行职业路径的调整。

★ 课后练习 ★

试用 SWOT 的方法对自身和环境的优劣势进行分析：

	优势（Strength）： 1. 2. ……	劣势（Weakness）： 1. 2. ……
内部		

	机会（Opportunity）： 1. 2. ……	威胁（Threat）： 1. 2. ……
外部		

你是哪种类型？

项　目	S（优势）	W（劣势）
O（机会）	SO：发展型	WO：约束型
T（威胁）	ST：脆弱型	WT：紧缩型

想一想，如何调整自我，为职业决策做准备？

第三节 CASVE 模型在职业决策中的应用

作为一名大专生，如果二年级还没有开始职业生涯规划，你的大学如何收获更多？如果三年级还没有开始职业决策，那你的职业起点该何去何从？如果你都做到了，而且已经为自己的职业目标奋斗了，你一定会充实而快乐。但此时，你还不能沾沾自喜，因为你懂得，职业决策是复杂的。

在人生的道路上，没有永远的坦途。我们总会遇到来自家庭、社会，甚至自身的干扰。有些困难和变故是我们无法逾越的，我们不能改变环境，就只能改变自己。改变自己的人生道路，挑战自己的职业途径。成功道路总是充满荆棘，那么我们要学会披荆斩棘，不断调整职业发展的途径，到达自己的职业目标。

职 业 故 事

沈教授出生在安徽大别山区一个普通的农家，父亲是乡村赤脚医生，母亲在家务农，家里还有一个身有残疾的哥哥和一个年幼的弟弟，日子过得十分艰难。从小他就对医学有着浓厚的兴趣，中学开始，他就埋下一个梦想：考上大学，跳出农门。经过努力，他终于以全县理科第一名的成绩考上了一所医科大学临床医学专业，成为 20 世纪 80 年代第一批大学生。

进入大学，他制订的第一个职业生涯目标就是毕业留校。因为按照当时的政策，如果不留校，就意味着毕业后回到家乡工作。为了这个目标，他每天晚上看书到深夜，经过 5 年的刻苦学习，沈先生终于以全年级第一名的成绩留校任教，从事大学免疫学教学工作，实现了他的第一个职业目标。工作了 8 年后，他又给自己制订了第二个目标，考取硕士研究生。他认真分析了所处的环境和专业发展趋势，并进行了自我分析，决定报考遗传学的研究生。两年以后，他考取了某知名医科大学遗传学专业的硕士研究生。由于重点高校对外联系较多，他在读研期间，也有幸和导师一同参与了国外研究项目。毕业后，他又回到原单位工作，但他给自己定下了一个新的目标，学好英语，为今后开展对外研究奠定基础。每天他都要挤出至少 3 个小时学习英语，参加每周学生组织的英语角活动，练习英语口语。3 年里，他通过了英语四、六级考试。在一次接待外宾的机会中，他展露出良好的口语水平，受到系主任的青睐。恰逢学院有一个对外合作项目，要到美国工作一年时间，系主任首先想到了他。他带着激动和梦想迈出了国门。在国外工作的时间里，他又给自己定下了一个新目标，那就是取得博士学位。为了这个目标，他一方面完成学校的合作项目，一方面准备博士入学测试。为争取时间，他通过努力为学校又争取了一个新项目，回国的时间又延长了一年。两年中，他不仅出色地完成了学校的任务，还通过了博士入学测试。学校也破例同意他继续在美国深造。又过了 3 年，他学成归国，虽然人到 40 岁，但已是教授、博导和学院的院长，达到了个人职业的巅峰。通过近 20 年拼搏，他突破了一个又一个困难，一次又一次调整自己的职业路线，终于实现了个人和家庭的和谐发展。

就 事 论 事

职业决策是一个复杂过程，在这个过程中，人生阅历、工作环境、个人职业愿景等内外因素都在不断地变化中，我们的职业发展路径也处于调整和变化之中。我们可以要一个终极的职业目标，但没有一蹴而就的职业决策。在实现职业目标的过程中，我们需要根据实际情况进行不断的调整和选择。因此，掌握职业决策的方法才是以不变应万变的方式。

| 专 家 评 述 |

一、CASVE 是循环式计划型决策方法

该方法由佩特森等人提出，由沟通（Communication）、分析（Analysis）、综合（Synthesis）、评估（Evaluation）和执行（Execution）五个部分组成，取其首字母，成为 CASVE 决策模式（见图 1-5）。

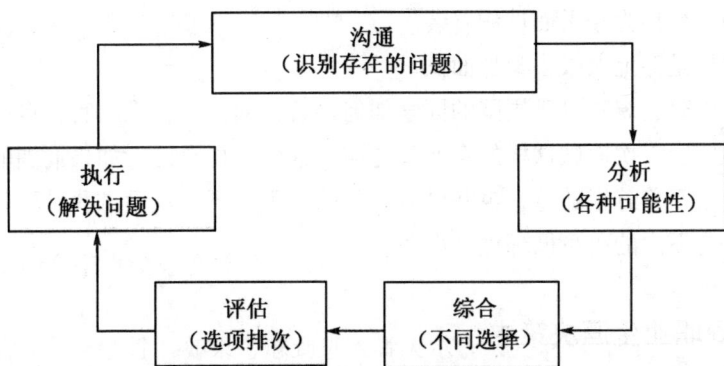

图 1-5 CASVE 决策模式

沟通阶段：认识到自己需要做出决策，出现"决策意识"，并发现目标和现实情景之间的差距。

分析阶段：对问题各个组成部分进行分析，对现状进行评估，了解自己可能的选择，对所有的信息进行分析。

综合阶段：把分析阶段提供的信息进行加工和综合，找出解决问题的各种行动方案。

评估阶段：以分析为基础，通过评估和进一步的信息收集，对各种行动方案的预期效果进行排序，选择最佳的方法。

执行阶段：根据自己最终的选择制订行动计划，并采取具体行动。

值得一提的是，决策是一个循环的过程，在行动结束之后，还要对自己的决定及其结果进行评估，由此可能进入新一轮的决策过程。

二、决策无处不在

仅从概念上看，你一定会觉得整个循环生硬而复杂，牵涉的内容也比较难以理解。其实，在我们生活中，决策无处不在，让我们通过选择一套参加面试的衣服为例来诠释。从我们决定穿一套衣服开始后，决策循环就开始启动了。

沟通：今天要去参加面试，是一个企划部门的岗位，我希望自己能被录取，那么我就要打扮自己，对着镜子，发现自己和心目中的企业职业形象还有一定差距，要精心修饰一下。

分析：我要面试的单位是一个中外合资企业，有着积极向上、严谨认真的企业文化，员工应该是着正装的；作为大学生，应该有朝气，衣着应该不失青春气息；我有几套正装，哪种款式更活泼又不失稳重等。

综合：进一步收集信息，如发型配哪种衣服更合适，自己今天更喜欢什么颜色等。结合分析，找出自己可以选择的几套衣服来。

评估：在选出的几套衣服里，哪件衣服更适合这次面试，也是自己比较中意的款式，最后选择一套作为今天面试的着装。

执行：自然是穿上衣服去参加面试。

参加完面试时，观察自己周围的同学如何穿着，面试中，面试官对自己第一印象如何。如果很不错，下次面试这样的企业我还应该这样打扮自己。如果周围的同学都很随意，面试官自己穿着就很随意，也并没有特殊的表现，下一次面试我是不是可以穿得更随意些。这是为下次的决策循环做好准备。

三、用到职业生涯决策中

以上的例子是一个面试中非常不经意的决策过程，诠释了 CASVE 是循环式计划型决策方法在日常生活和求职中的使用。那么，在进行职业决策这样重大的决定中，这种方法是不是一样适用呢？我们再来看看图 1-6。

可见，在职业决策的过程中，CASVE 模型同样适用。在使用过程中，该模型更突出职业决策的动态性，认为个体在职业生涯中，职业决策不是一蹴而就的，是根据个体不同阶段职业发展状态进行多次调整和选择的。下面以毕业前的职业决策为例进行探讨。

沟通阶段：个体意识到自己人生理想和现实之间存在的巨大差距，收到了由此而产生的信息，这个信息包括内部和外部的信息。内部信息主要是指个体自身的身心状态，比如，在面临就业时，可能会出现焦虑和抑郁的心理状态，甚至表现出一些躯体上的症

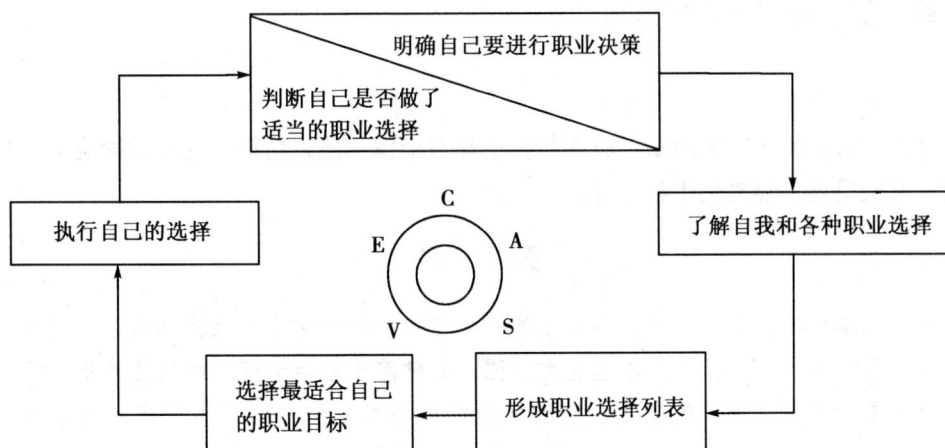

图 1-6　职业决策过程的 CASVE 模型

状，如没有胃口，头疼，失眠等。这些心理和身体的异常信号都是在暗示你需要进行内部交流沟通。外部信息主要是指周边环境对个体产生的影响，如辅导员老师经常开会动员，父母和亲友打电话来关心就业去向，周边的同学开始准备简历并积极参加招聘会，等等。通过内部和外部沟通，你意识到自己需要解决某些问题，这样的交流对开始生涯选择十分重要。沟通阶段需要回答的最基本的问题是：此刻我正在思考并感觉到的自己的职业选择是什么？

分析阶段：主要是获取职业信息的阶段，包括自我信息和职业环境信息。在这个阶段，我们需要应用职业生涯理论中的自我认知和职业认知方法，先对个体进行认知分析，包括兴趣、能力、价值观、人格倾向等。再对职业环境进行分析，包括学校情况、专业就业形式、国家就业政策，以及专业延伸出的职业方向等。最后是应用职业理论进行职业选择，罗列出自己可以选择的职业发展方向，甚至是职业目标。

综合阶段：根据分析阶段所得出的信息，先把职业选择范围扩大，然后再逐步缩小，最终确定 3~5 个最可能的选项。这不是一个随意的过程，这个过程需要将分析阶段罗列的职业目标进行深入解析，整理出每个职业目标对个体的要求、发展前景、预期回报、休闲领域、幸福感等。通过职业测评、内省等方法，选择最有可能从事的职业限定到 3~5 个。这并没有结束，我们还需要问自己：假如我有这 3~5 个选择，是否可以解决问题，消除现实和理想状态的差距？如果可以，就进入评估阶段选出最适合的选择，如果还是不能解决问题，就需要重新回到分析阶段了解更多信息。

评估阶段：对于综合阶段得出的 3~5 个职业再进行具体的评价，评估每一种选择对自己和他人的影响。我们可以通过问"我觉得什么是最好的？""对我生活中的重要他人会选择什么？""从目前就业环境看，什么是最好的？"等问题来进行评估。

四、更为科学的评估方法

1. 平衡单法

这种方法将职业决策的重点放在每种选择对个体和他人精神与物质的影响上，并以分值的方式呈现，容易使用和筛选。

案　例

基本情况：小王，男，某大学的美术专业二年级学生，性格外向，开朗活泼，喜欢与人交往，口头表达能力很强，是学院学生会干部，组织能力强。还有一年就要毕业了，他考虑自己的职业有三个发展方向：到小学担任美术教师、到企业从事美术设计、考取专升本继续深造。以下是他的具体想法：

小学美术教师：这个选择跟专业对口，有一定的专业优势，工作也比较稳定，但目前社会需求量并不大，必须通过事业单位入编考试。

企业美术设计：这个职业符合自己的性格、兴趣的需要，同时他也曾利用暑期和课余时间做过一些兼职，有一定社会实践经历，他认为可以利用自己的专业做好这份工作。

继续深造：父母都是公务员，他们希望小王能够再继续深造，以后能进入高校从事美术设计和研究。但小王认为虽然高校教师工作稳定，收入也高，但他不喜欢做研究，且进入高校还要面临考研、考编等系列困难。

表1-2是小王利用职业决策平衡单作出的评估结果。

在职业决策平衡单中，我们要先设定重要性权数，也就是个体对所罗列项目轻重的评价，一般分为1~5个等级，称为重要性的权数。对每个项目的评分采取10分制，以影响和有利进行正负的区分。在计算时，用分数乘以权数再进行累加。最后用正项得分减去负项得分，获得该选择的得失差数。从表1-2中，我们不难看出，通过职业决策平衡单的评估之后，小王认为到企业从事美术设计工作更适合自己。

2. SWOT 表格法

上一节我们已经详细介绍了 SWOT 分析法在职业决策中的应用，此时正好可以用于方案的评估和筛选。通过 SWOT 分析，找出自己的优劣势，扬长避短。

执行阶段：前面的步骤只是确定了最适合的职业，还不能带来职业选择的成功，需要在执行阶段将所有想法付诸实践，如开始具体的求职过程；也为再一次回到沟通阶段提供线索，以确定沟通阶段所存在的职业问题是否得到了很好的解决。在执行阶段，需要制订计划，进行实践尝试和具体行动。如果没有解决，可以再次回到沟通阶段，重新开始一次 CASVE 循环，直到职业生涯问题被解决为止。

表 1-2 小王的职业决策平衡单评估结果

选择项目 / 加权分数 / 考虑因素	重要性的权数（1~5倍）	小学教师 +	小学教师 −	美术设计 +	美术设计 −	继续深造 +	继续深造 −
个人物质方面的得失 1. 符合自己的理想生活方式	5		3	9			5
个人物质方面的得失 2. 适合自己的处境	4	8		9		7	
个人物质方面的得失 3. 有较高的社会地位	3	5			3	9	
个人物质方面的得失 4. 工作比较稳定	5	9			9	9	
他人物质方面的得失 1. 优厚的经济报酬	4	5		8		9	
他人物质方面的得失 2. 足够的社会资源	5	8		7		9	
个人精神方面的得失 1. 适合自己的能力	4	8		9		7	
个人精神方面的得失 2. 适合自己的兴趣	5	5		9			8
个人精神方面的得失 3. 适合自己的价值观	5	6		8		5	
个人精神方面的得失 4. 适合自己的个性	4	7		9		6	
个人精神方面的得失 5. 未来发展空间	5		3	8		9	
个人精神方面的得失 6 就业机会	4	3		8		9	
他人精神方面的得失 1. 符合家人的期望	2	6		5		9	
他人精神方面的得失 2. 与家人相处的时间	3	7		4		9	
加权后合计		312	30	399	54	384	65
加权后得失差数		282		345		319	

★ 课后练习 ★

1. 模拟 CASVE 职业决策

沟通阶段：你意识到自己需要做出一个选择。

_____

_____

分析阶段：从自身出发，找出各种可能的实现选择的途径。

_____

_____

综合阶段：分析自己，罗列各种途径，形成途径选择列表，从中找出适合自己价值观和兴趣的选择。

_____

_____

_____

评估阶段：制定一个最优化选择办法，评价各种选择，选出最终方式。

_____

_____

_____

执行阶段：OK，执行。

再循环阶段：

（1）知道自己做出正确选择：

事情是否达到预期效果？

他人对这种效果的评价是否理想？

（2）选择与自己的预期偏差：重新开始循环！

2. 模拟决策平衡单

选择项目 / 加权分数 / 考虑因素		重要性的权数（1~5倍）	选择一		选择二		选择三	
			+	−	+	−	+	−
个人物质方面的得失	1.							
	2.							
	3.							
	4.							
他人物质方面的得失	1.							
	2.							
	3.							
	4.							
个人精神方面的得失	1.							
	2.							
	3.							
	4.							
他人精神方面的得失	1.							
	2.							
	3.							
	4.							
加权后合计								
加权后得失差数								

第二章

审视形势　了解程序

《中国大学生就业报告》又称《大学生就业蓝皮书》，每年由麦可思研究院撰写、社会科学文献出版社正式出版，受到社会各界普遍关注。报告涉及整体就业趋势、专业就业分布状况、毕业生职业满意度等诸多方面，可谓详尽透彻。虽然每年度的报告都有变化，但就业人数多、就业压力大、就业形势严峻一直是每年的主题。

近年来，大学生就业作为重要的民生工程受到社会各界的普遍关注，导致这一现象出现的原因也是众说纷纭。无论是结构性矛盾，还是供需不对称，"就业形势严峻"的字样不止一次出现在各级政府的文件和报告中。

作为切身经历求职择业的大学生群体，其中艰辛自然不言而喻。然而就业是个体融入社会、获得社会认可和个人生存尊严的必然选择。这个过程是不容逃避，不容懈怠的。

是金子就要发光，哪怕是一滴水也要折射出太阳的光辉。每个人的人生都应该是一道靓丽的风景线，既然世界不会为你而改变，环境也不会主动去适应我们自己，那我们只能去改变自己，去适应环境，进而取得成功。

第一节　了解职业分类　分析就业环境

在我国，大学毕业生"就业难"的现象已持续多年。其原因涉及社会经济发展状况、现行教育体制、高校人才培养模式和结构、大学生自身素质等。而就大学生群体本身而言，我们能够改变的只有能力和观点两个方面。能力的改变来源于正确的积累，前面的内容中已介绍了不少好的方法。而观点的改变则是适应就业压力的重要支持。

对中国发展现状的客观认识，对现有职业构成的理解，对就业瓶颈问题的理性对待等问题，在一定程度上影响了大学生群体分析客观就业环境的能力。这种能力的缺失不仅影响到大学生利用自身优势来应对就业，也导致了择业过程中的盲目性和困惑。

职 业 故 事

　　某艺术院校大三学生小王，前段时间拿到了歌唱演员四级证书，当有人问及对这种职业有何看法时，他坦率地表达了自己的想法："我也没考虑太多，只是看到有很多同学报名，感觉多考一个证，以后就业可能也会多个选择。"毕业找工作时小王并没有使用过演员证书，他到了一家企业做销售，没有从事与艺术有关的工作，而他的歌唱演员四级证书也因为疏忽大意而丢失。

就 事 论 事

　　"考证热"已经成为当下大学生中普遍存在的现象。面对严峻的就业形势，很多大学生都抱着和小王一样的心态，多个证书多个机会。证书的种类更是五花八门，除了歌唱演员等级证书，还有心理咨询师等级证书、计算机等级证书、营养师等级证书，等等。网上甚至还出现多位手持十几本证书的"证书姐"和"证书哥"。不可否认，作为卖方市场的毕业生群体，证书无疑是一个筹码，越多的证书似乎说明其自身的价值越大，越能在就业市场竞争中崭露头角。

　　从根本上看，考证的过程也是能力提升的过程，而能力提升首先是以职业目标为目的的。在缺乏对就业形势分析的前提下，盲目考证只会事倍功半。如果我们换一个角度，结合职业目标要求和职业准入需要进行有选择的考试，获得相关资质和职业的资格，将有助于我们实现职业目标。可见，在能力准备和入职准备阶段，我们首先必须对职业的概念、分类、发展有所认识，增加自己对就业形势分析和适应的能力，从而更清晰地实现职业目标的路径。

｜ 专 家 评 述 ｜

一、职业的概念与分类

1. 职业的概念

古时职业定义为官事和士农工商四民之常业。随着时代的发展和社会的进步，职业的概念已经不仅仅局限于士农工商。今日，职业指的是人们在社会中所从事的作为谋生手段的工作。

从社会角度看，职业是劳动者获得的社会角色，劳动者为社会承担一定的义务和责任，并获得相应的报酬；从国民经济活动所需要的人力资源角度来看，职业是指不同性质、不同内容、不同形式、不同操作的专门劳动岗位。

2. 职业的分类

很多国家都十分重视职业的分类问题，即按一定的规则和标准把一般特征和本质特征相同或相似的社会职业，分成并归纳到一定类别系统中去的过程。对职业进行分类，不仅是形成产业结构概念和进行产业结构、产业组织及产业政策研究的前提，同时也是对劳动者及其劳动进行分类管理、分级管理及系统管理的需要。

国际标准分类：早在 1923 年的第一届国际劳工统计学家会议上，人们就讨论了制定职业分类国际标准的需要。到 1949 年，这一项目正式启动。1958 年《国际标准职业分类》初版发行，之后又经 1968 年、1988 年、2008 年三次修订，形成目前的最新版本《国际标准职业分类（2008）》（简称 ISCO-08）（见表 2-1）。

表 2-1　　　　　　　　　　《国际标准职业分类（2008）》（ISCO-08）

类　　　别	ISCO-08
大 类	1. 管理者 2. 专业人员 3. 技术人员和专业人员助理 4. 办事员 5. 服务人员及销售人员 6. 农业、林业和渔业技术员 7. 工艺及有关人员 8. 机械机床操作员和装配工 9. 非技术工人 10. 军人
中类	43
小类	125

我国分类标准：1999 年 5 月，由劳动和社会保障部、国家质量技术监督局、国家统计局联合组织编制并颁布了《中华人民共和国职业分类大典》（以下简称《大典》）（见表 2-2）。它将我国职业分为 8 大类，66 中类，413 小类和 1 838 个细类，细类也称为最小类别，亦即职业。

表 2-2　　　　　　　　　　　　我国现行职业分类体系表

大　　类	中类	小类	（细类）职业	新职业
第一大类：国家机关、党群组织、企业、事业单位负责人	5	16	25+0	0
第二大类：专业技术人员	14	115	379+21	42
第三大类：办事人员和有关人员	4	12	45+1	10
第四大类：商业、服务业人员	8	43	147+22	41

续表

大　　类	中类	小类	（细类）职业	新职业
第五大类：农、林、牧、渔、水利业生产人员	6	30	121+8	9
第六大类：生产、运输设备操作人员及有关人员	27	195	1 119+22	5
第七大类：军人	1	1	1+0	0
第八大类：不便分类的其他从业人员	1	1	1+0	0

　　注：1. 中类是大类的子类，是对大类的分解；

　　　　2. 小类是中类的子类，是对中类的分解；

　　　　3. 细类是本大典最基本的分类，即职业。

　　随着经济社会发展、科学技术进步和产业结构的调整，我国的社会职业构成发生了较大变化，1999 年《大典》已不能适应人力资源开发、信息统计、人口普查、职业教育培训、职业指导和就业服务等工作的实际需要，须进行修订。2004 年 7 月，我国开始对《大典》进行修订补充，并推出了新职业定期发布制度。2004 年 8 月 19 日，劳动和社会保障部首次发布了形象设计师、首饰设计制作员、锁具修理工、呼叫服务员、汽车模型工、汽车加油站操作工、水产养殖质量管理员、水生哺乳动物驯养师、牛肉分级员等 9 个新职业。同年 12 月，又发布了商务策划师、会展策划师、数字视频（DV）策划制作师、景观设计师、模具设计师、建筑模型设计制作员、家具设计师、客户服务管理师、宠物护理员、动画绘制员等第二批 10 个新职业。至 2007 年 4 月，共发布了 9 批 96 种新职业。2010 年年底国家再次启动了《大典》修订工作，并取得了阶段性成果。截至 2011 年年底，《大典》修订工作涉及的 79 家行业部门中已有 60 余家组织开展了职业描述信息采集工作。2012 年将完成《大典》修订主体工作。

　　3. 职业准入制度

　　职业准入制度是指根据《劳动法》和《职业教育法》的有关规定，对从事技术复杂，通用性广，涉及国家财产、人民生命安全和消费者利益的职业（工种）的劳动者，必须经过培训，并取得了职业资格证书后，方可就业上岗的制度。

　　随着我国人才评价制度逐渐与国际接轨，我国职业准入制度已初步确立，职业资格证书成为人们择业的"通行证"。现在企业在招聘时主要看毕业生三个方面：一是有无较长时间的企业实习经验，二是能否提供相关从业资格证明，三是通过面试或笔试环节考察应聘者工作能力。是否取得职位要求所具备的从业资格证书是成功就业的重要条件。职业资格证就是按照国家制定的职业技能标准或任职资格条件，通过政府认定的考核鉴定机构，对劳动者的技能水平或职业资格进行客观公正、科学规范的评价和鉴定，对合格者授予相应的国家职业资格证书。但取得职业资格证并不能完全代表一个人的专业能力，用人单位更注重求职者的个人综合素质、实际操作能力、职业发展潜力，证书通常只是一个参考物品，代表的实质意义有限。因此，具备与职业资格证相应的能力和素质才是成功就业的关键。

近年来，职业准入制度在文化行业中初步确立，职业资格证已成为艺术类毕业生专业对口择业的"通行证"。艺术类毕业生从事影视、歌唱、舞蹈等文化行业需持证上岗，取得文化行业职业技能鉴定认证，即由国家人力资源和社会保障部统一印制、文化部人事司统一盖章，由文化部职业技能鉴定指导中心统一颁发的《国家职业资格证书》。该证书全国通用，权威性高，实行统一编号、统一注册，面向全社会从事文化艺术工作的各类人员和艺术院校在校生及从事艺术培训行业的在职教师。目前，已有形象设计师，礼仪主持人，服装模特，服装设计定制工，书法师，芭蕾舞演员，电影电视演员、美声、名族、通俗唱法演员、二胡、板胡演奏员，中阮演奏员，琵琶演奏员，扬琴演奏员等30余个职业列入文化行业特有职业。各地艺术职业院校均设有文化行业职业技能鉴定站，依托各自学院办学特色和丰富资源，贯彻中央提出的毕业生"双证"并重制度，加大艺术类院校毕业生职业资格认证工作力度，加强艺术类毕业生就业准入引导，为毕业生顺利就业提供有力保障。

二、大学生就业总体形势

2012 年全国普通高校毕业生达到 680 万人，规模是 21 世纪初的 6 倍多，"十二五"时期，应届毕业生年平均规模将达到近 700 万人（见表 2-3）。在高校毕业生数量急剧膨胀的形势下，就业的难题变得更加严峻和突出。

表 2-3　　　　　　　　　我国高校毕业生增长情况一览表　　　　　　　（单位：万人）

年度	毕业生总数	比上年增加	研究生	本科	高职
2001	118	11%	7	59	52
2002	145	23%	8.8	63	73
2003	212	46%	12	92	108
2004	280	32%	16	117	147
2005	338	21%	20	150	168
2006	413	22%	27	174	212
2007	482	17%	30	220	232
2008	584	21%	33	251	300
2009	611	5%	37	272	302
2010	630	3%	39	280	311
2011	660	5%	46	294	320
2012	680	3%	48	302	330

（参见雷五明，李坚评主编：《大学生就业指导》，中国人民大学出版社 2010 年；百度文度）

当前高校毕业生所面临的就业形势主要有以下几个方面：

1. 就业竞争激烈

由于高校不断扩招，每年毕业生人数激增，使得大量人才扎堆。而目前社会经济发展的情况决定了相当一段长的时间内社会对毕业生的需求不会有明显的增加，这预示着大学生就业的竞争将更加激烈，许多用人单位在选拔人才中出现"人才高消费"的现象，导致不同层次的毕业生在共同的求职过程中相互挤占岗位，出现了研究生和本科生争职位，本科生与专科生抢工作的局面。也产生了就业成本增加与薪酬水平降低的矛盾。

2. 各种就业矛盾凸显

结构性矛盾：首先在于高校专业设置结构不合理，部分高校毕业生的专业背景、知识结构和岗位不相匹配。应用性学科就业形势较好，一些文科类专业就业出现困难，热门专业毕业生供过于求，冷门专业供不应求。艺术类高校毕业生的就业情况大致相同，与市场需求贴近的应用型专业就业形势较好，如设计、动画、声乐等，国画等传统类别的专业择业面较窄，市场需求量相对要少。

地域结构矛盾：目前大城市仍然是大学生就业的首选。拿艺术类毕业生来说，他们往往都不愿意离开所在的大城市，觉得只有留在大城市才是最好的选择。虽然大城市里文化院团很多，但远远无法满足日益庞大的艺术人才的就业需求。与此同时，全国各地非常需要各类艺术人才，尤其是边远地区十分缺乏艺术类的师资。

学历结构的矛盾：从学历上看，研究生初次就业率最高，本科初次就业率略低，高职高专初次就业率最低。从专业上看，工科毕业生就业率较高，理科和文史哲类毕业生就业率较低。从毕业院校看，重点大学就业率较高，普通本科和独立学院就业率较低。

3. 门槛不断抬高

在大学生的绝对数量正在逐渐上升、就业竞争日益激烈的情况下，用人单位掌握了选择的主动权，就业市场已成为"买方市场"。对人才的需求标准不断提高，除了对学生的毕业院校、学历层次、成绩、思想道德素质等方面提出要求外，懂技术、会管理、善沟通的复合型人才越来越受青睐，就业单位的用人标准已从"数量型"向"质量型"转变。

4. 就业观念和方式的变化

随着大学毕业生就业的方式由过去的"统包分配"向现在的"自主择业、双向选择"转变，广大毕业生自主择业的意识不断增强，毕业前提早做好各项准备，在增强自己综合素质、摆正心态的同时，通过各种方式获取就业信息，联系就业单位，积极向外推销自己。

在就业方式上，毕业生的选择更加灵活多样。更多的大学毕业生逐渐开始不再只把就业目光投在机关单位和国有大型企业，而是愿意到中小民营企业就业。同时，选择灵活就业、自己创业以及到边远地区基层工作的毕业生明显增加。

近年来，艺术类高校毕业生灵活就业的比例有不断增加的趋势，艺术类学院每年的毕业生就业率都在90%以上，其中灵活就业的毕业生约占70%。灵活就业是指除了签订三方协议之外的就业形式，包括有聘用合同或用人证明的，还有做家教的。而每年最后签订三方协议的毕业生只有20%多。

三、大学生就业发展趋势

面对严峻的就业形势，逃避和抱怨都不是解决问题的办法，毕业生应该学会适应这种就业形势，采取灵活的应对方式，缓解就业压力和矛盾，达到最终成功就业的目的。

1. 中小型企业逐渐成为创造大学生就业岗位的主体

目前，我国中小企业发展迅猛，已超过1 000万户，占全国实有企业总数的99%以上，提供了近80%的城镇就业岗位，成为吸纳高校毕业生就业的主要渠道。同时，国家为发挥中小型企业吸纳大学生就业的潜力，进一步改善中小企业发展环境，将落实中小企业扶持政策与做好高校毕业生就业工作结合起来，鼓励企业积极吸纳高校毕业生就业。对招收高校毕业生达到一定数量的中小企业，地方财政应优先考虑安排扶持中小企业发展资金，并优先提供技术改造贷款贴息。对劳动密集型小企业当年新招收登记失业高校毕业生达到一定比例的，可按规定申请最高不超过200万元的小额担保贷款，并享受财政贴息。对企业招收就业困难高校毕业生、签订劳动合同并缴纳社会保险费的，按规定给予社会保险补贴。高校毕业生到中小企业就业的，在专业技术职称评定、科研项目经费申请、科研成果或荣誉称号申报等方面，享受与国有企事业单位同类人员同等待遇。这都促进了对大学毕业生的需求和吸引力的增大。随着国家大力提倡发展文化产业，对艺术类人才的需求量更是大增。除了一些高校和艺术院团等传统用人单位外，不少文化公司也来招聘，歌手、作曲、艺术管理人员等成为他们急需的人才。

2. 第三产业吸纳大学毕业生就业人数明显增加

第三产业主要是服务业，内涵非常丰富，主要包括交通运输、金融服务、教育文化、公共服务等内容，而且仍在不断发展。第三产业发展，为大学毕业生创造更多适合的就业岗位。近两年，随着国内对文化产业的关注点由概念转向内容，"创意产业"一词越来越频繁地为人所引用，并大有一统媒体与观众眼球的趋势。文化创意产业以个人创造力、技能和才华为核心，以信息及网络技术为主要载体，通过知识产权的形成和利用，最终实现创造财富、提供就业机会的目标，在我国尚属一种全新的经济形态。上海、深圳等城市，无论是在国家文化产业研究基地建设，还是城市创意产业园区建设方面，都已积累了相当可观的经验。文化创意产业的迅猛发展蕴藏着巨大的机遇，需要大量的专业型人才来促进和推动其发展。文化创意产业作为新兴产业对专业型人才的大量需量将不断增大，艺术类院校毕业生在专业知识方面又有着得天独厚的先机，这对于艺术类高职毕业生来说无疑提供了非常广阔的就业空间。

3. 艺术类专业毕业生灵活就业和自主创业趋势在增加

艺术类可以大致分为应用艺术类和纯艺术类，前者包括各种设计和制作类专业，后者则指传统意义上的声乐、舞蹈、美术类专业。从市场需求上来看，应用艺术类人才的市场需求在增长，特别是动漫制作、产品包装这类新兴行业需求很大；而传统艺术类毕业生的就业渠道比较狭窄，很多学生在培养方向上就是出来当老师，但是目前市场上的这类师资需求比较有限。每年毕业生除了签订就业协议，在高校、党政机关、行政事业单位及国有、私有企业从事与艺术相关的工作外，相当一部分学生选择自主创业、灵活就业，这就使得艺术类毕业生的就业之路越走越宽，据统计，每年艺术类毕业生中灵活就业、自主创业的约占70%。灵活就业是指除了签订就业协议之外的就业形式，包括有聘用合同或用人证明的，以及做家教带私人学生等。这类毕业生的工作岗位通常是不确定的，他们有可能被多个雇主雇佣，有可能只签订临时劳动合同。选择自主创业的艺术类毕业生通常会组建自己的音乐制作工作室、表演团体或者成立公司。

❋ 延伸阅读 ❋

ACT 工作世界地图

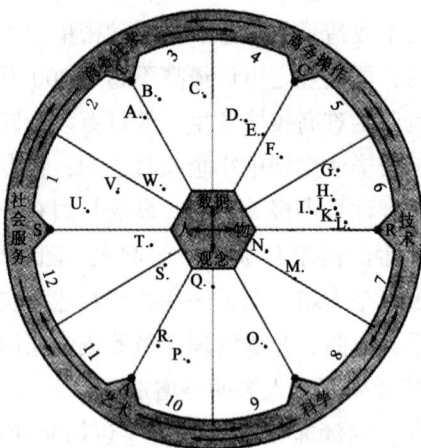

A. 市场与销售	B. 管理与规划
C. 记录与沟通	D. 金融交易
E. 储存与分派	F. 商业机器/电脑操作
G. 交通工具的操作与修理	H. 建筑与维护
I. 农业与自然资源	J. 手艺与相关服务
K. 家庭/商业电器修理	L. 工业电器的操作与修理
M. 工程学与相关技术	N. 医药学与技术
O. 自然科学与数学	P. 社会科学
Q. 应用艺术（视觉）	R. 创造/表演艺术
S. 应用艺术（写作与演讲）	T. 综合性健康护理
U. 教育与相关服务	V. 社会与政府服务
W. 个人/消费者服务机构	

由美国大学考试中心开发，作为职业生涯规划的参考工具，用于评估个人的工作兴趣，让个人更清晰自己感兴趣的职业领域。

工作世界地图把工作系列分成 12 个区域。这些工作系列几乎覆盖了美国所有的工作。尽管每个工作系列中的工作都有它们自己不同的位置，但大多数都接近所给出的某一点。

一个工作系列的位置是基于其首要的工作任务。总共有四种首要的工作任务：数据，观念，物，人。

数据（事实，记录，文件，数字，计算，商业过程，系统性程序）。数据性任务是不与人直接打交道的任务，它通过人来促进商品/服务的消费（例如，通过组织或传达事实、指示、产品等）。销售代理商、会计以及空中交通管制者的工作主要是与数据打交道。

观念（抽象概念，理论，知识，觉察，洞察力，以新的方式表达或做事情——例如，用文字、方程式或音乐）。观念性任务是个人头脑中的工作，如创造、发现、解释和综合抽象概念或抽象概念的应用。科学家、音乐家和哲学家的工作主要是与观念打交道。

物（机器，工具，生物，材料如食物、木头或金属）。物的任务是与人无关的任务，如制造、运输、维修和修理。砖匠、农夫和机械工的工作主要是与物打交道。

人（帮助、照顾人们，为他们服务，提供信息，或卖东西给他们）。人的任务是人际间的任务，如看护、教育、服务、娱乐、说服或领导他人——总之，是要在人类行为中引起一些改变，如教师、销售。

六个一般的工作区域及霍兰德分类在地图的边缘标了出来。工作系列图表按照一般的工作领域、工作系列和准备水平列出了大约 500 个职业。（参见 Reardon/Peterson《职业生涯发展与规划》）

第二节　我国大学生就业政策

专家评述

一、我国大学生就业工作的历史简述

1. 萌芽创立时期

1916 年，清华大学校长周寄枢为了指导学生择业，发起了职业演讲活动。

1920 年，清华大学王文显教授率学生去美国搜集各种职业资料。

1923 年，清华大学成立了职业指导委员会。

1925 年，清华大学庄泽宣教授编写了《职业指导实践》一书。

1929 年 5 月全国教育会议通过了《设立职业指导所及历行职业指导案》，并规定了 3 条实施学生职业指导的办法：各级学校在最后一学年应有升学及职业指导；全国各大学及中学应设立职业指导部；各省设立职业指导部，大学为之拟定职业指导程序。

1931 年 9 月 21 日，以研究职业指导为宗旨的"全国职业指导机关联合会"正式成立。与此同时，旨在从事就业指导、职业咨询、职业训练等工作的"中华职业教育社"、"上海职业指导所"等社会组织也相继出现。

职业指导组织的出现，是我国开展就业指导方面的有益的探索与实践，使中国的职业指导从无到有，对于改变国人择业的盲目随意性、增强择业观念等起到了积极的作用。

2. 发展改革时期

新中国成立初期，在计划经济体制下，由于高等教育发展的区域性差异以及我国经济振兴对人才的迫切需要，国家对劳动力资源的配置，尤其是对大学生群体的配置采取了高度集中的办法。尽管其中历经几次变革，但都始终没有离开以"统"和"包"为特征的国家负责、按计划分配的制度。这种"进了大学门，就是国家人"的"统包统分"的分配制度，使得学校未能树立"就业指导"的观念，只要按照国家计划"分配"学生即可，学生也没有要接受"就业指导"的愿望。

在新中国成立初期国家缺乏大量的建设人才的现实情况下，"统包统分"的方法确实起到了宏观调控作用。但随着社会的发展，这种大包大揽的弊病也逐渐显露出来。一次分配定终身，限制了劳动者和用人单位之间的双向选择与合理流动。劳动者不能支配自己的劳动力，职业指导被单纯的思想政治工作所取代。客观地讲，在这一段时间内，就业指导无论在理论上还是在实践上都没有太大的发展。

改革开放后，社会主义市场经济体制的渐趋完善，对大学生进行就业指导日益显示出极其重要的作用。为了使高校毕业生就业制度与经济体制改革相适应，采取了以下措施：

1982 年起，国家积极而稳妥地实行毕业生就业制度改革。

1983 年在部分高校实行了国家计划内的"供需见面"。

1985 年 5 月，中共中央颁布《关于改革教育体制的决定》，要求"毕业分配实行在国家计划指导下，由本人选报志愿、学校推荐、用人单位择优录取的制度"，逐步改变落实计划的方法，开展"供需见面"的活动。

1986 年一些高校实行"切块计划，供需见面"的毕业生就业制度。

1989 年 3 月，国务院批准了国家教委《关于改革高等学校毕业生分配制度的报告》及《高等学校毕业生分配制度改革方案》这个带有过渡性质的"中期改革方案"。

1993 年 2 月，国务院颁布了《中国教育改革和发展纲要》，实行在一定范围内（地区范围、行业范围）少数毕业生由国家安排就业，多数毕业生"自主择业"的就业制度。

1997 年国家教委颁发了《普通高等学校毕业生就业工作暂行规定》。

1998年国家全面实行"并轨"招生,即自费上学,自主择业,2000年以后上大学全部自费,不包分配。

2002年3月,《关于进一步深化普通高等学校毕业生就业制度改革有关问题意见的通知》(国办发〔2002〕19号)中明确指出,高校毕业生就业工作要以'三个代表'重要思想为指导,紧紧围绕促进国家经济发展和社会稳定的大局,采取积极有效的措施,进一步转变高校毕业生就业观念,建立市场导向、政府调控、学校推荐、学生与用人单位双向选择的就业机制,努力实现高校毕业生的充分就业。

以上一系列的变革,体现了社会经济发展对人才政策的促进,也促使高校开始重视大学生就业指导工作。

二、国家促进大学生就业的主要方针政策

随着全球金融危机的爆发,高校毕业生就业压力不断增大,在此情况下,国家积极拓宽就业门路,采取切实有效措施,出台了一系列促进高校毕业生就业的政策,为广大毕业生提供更多的就业选择。各地、各有关部门、各高校也在密切协调、通力合作,采取一系列切实有效的政策措施,千方百计促进高校毕业生实现就业。

案例:王某出生在安徽省的一个农村家庭。因为家里条件差,弟兄三个只有他靠着国家助学贷款上了大学,成了村里第一个大学生。2008年6月,他从安徽一所重点大学艺术学院毕业了,就在同学们都忙着应聘找工作的时候,王某却向几个好朋友透露了自己的计划,准备报考大学生村官。同学们都觉得他想不开,他家里更是极力反对。王某的哥哥和弟弟,初中毕业因为上不起学,就去大城市打工,现在已经有了自己的小工厂。王某是家里唯一走出去的大学生,现在又想要回农村发展,为这事,父亲不知道打了多少次电话都没有说服王某,终于,一向温和的父亲第一次对儿子放了狠话。原来,在大学时期,王某就有创业的想法。农学专业的学生为什么不回农村试试呢?临近毕业的时候,王某听说安徽省要招考大学生村官,而且还支持村官自主创业,有创业基金,能解决贷款难、利息高等问题,所以当村官是王某实现创业梦想的第一步。2008年5月,王某参加了村官考试并如愿成为第一批大学生村官。王某说:"离基层更近了,我直接到了基层第一线。农村是广阔天地,在那里可以大有作为,可能对我的这个创业更有利。"

上面案例中选聘大学生村官,是国家为促进大学生就业的一项政策,这项政策目的是,引导大学生树立正确的择业观,鼓励他们到农村基层发展事业,为他们提供一个良好的就业机会和发展平台。

目前国家为促进高校毕业生就业的政策主要有以下几个方面:

(1)鼓励高校毕业生到基层和艰苦地区工作。各级政府要为高校毕业生创造工作条件,主要充实城市社区和农村乡镇基层单位,从事教育、卫生、公安、农技、扶贫和其他社会公益事业。在艰苦地区工作两年或两年以上者,报考研究生的,应优先予以推荐、录取;报考党政机关和应聘国有企事业单位的,同等条件下,应优先录用。

（2）党政机关录用公务员和国有企事业单位新增专业技术人员和管理人员，应主要面向高校毕业生，公开招考或招聘，择优录用。

（3）鼓励各类企事业单位，特别是中小企业和民营企事业单位聘用高校毕业生，政府有关部门要为其提供便利条件和相应服务。对企业跨地区聘用的高校毕业生，省会及省会以下城市要认真落实有关政策，取消落户限制。

（4）鼓励高校毕业生自主创业和灵活就业。凡高校毕业生从事个体经营的，除国家限制的行业外，自工商部门批准其经营之日起1年内免交登记类和管理类的各项行政事业性收费。有条件的地区由地方政府确定，在现有渠道中为高校毕业生提供创业小额贷款和担保。

（5）为高校毕业生办理户口和人事档案手续提供便利。对毕业离校时未落实工作单位的高校毕业生，本人要求户口和人事档案保留在学校的，按规定保留两年。在此期间，档案管理机构对保管其档案免收服务费用；本人要求将户口转回入学前户籍所在地的，公安机关应当按照户籍管理规定为其办理落户手续，人事、教育部门所属人才交流服务机构负责办理相关手续，人事部门所属人才交流服务机构免费提供人事代理服务。本人落实工作单位后，公安机关按有关规定办理户口迁移手续。

（6）毕业半年以上未能就业并要求就业的高校毕业生，可持学校证明到入学前户籍所在城市或县劳动保障部门办理失业登记。劳动保障部门所属的公共职业介绍机构和街道劳动保障机构应免费为其提供就业服务。对已进行失业登记的高校毕业生，有条件的城市、社区可组织其参加临时性的社会工作、社会公益活动，或到用人单位见习，给予一定报酬。对于因患病等原因短期无法工作并确无生活来源者，由民政部门参照当地城市低保标准，给予临时救助。此项费用由地方财政列支。

（7）鼓励中小企业和民营企事业单位聘用高等职业学校（大专）毕业生，对就业困难的应届高职（大专）毕业生，由劳动保障、人事和教育部门共同实施"高职（大专）毕业生职业资格培训工程"，对需要培训的应届高职（大专）毕业生进行职业技能培训和职业技能鉴定。培训费由教育系统承担，职业技能鉴定费由劳动保障部门适当减免。

❋ 延伸阅读 ❋

引导和鼓励大学生面向基层就业政策

鼓励到西部和基层就业

（1）对到西部县以下基层单位和艰苦边远地区就业的高校毕业生，实行来去自由的政策。根据本人意愿，户口可迁到工作地区，也可迁回原籍；到西部贫困边远地区工作的高校毕业生，可以提前定级，并根据实际情况适当高定工资标准。积极引导高校毕业生进入国有大中型骨干企业及承担国家重点工程、项目的单位。

（2）在艰苦地区工作两年或两年以上者，报考研究生的，优先予以推荐、录取；报考党政机关和应聘国有企事业单位的，在同等条件下，优先录用。

（3）实施"大学生志愿服务西部计划"。从高校毕业生中招募志愿者，到西部贫困县的乡镇一级教育、卫生、农技、扶贫等单位服务1~2年，服务期间计算工龄。志愿者服务期满后，期满一年且考核合格，报考研究生的，总分加10分。各高校出台的政策如优惠于此政策，则参照高校政策，同等条件下，优先录取；服务期满一年考核合格，可以应届毕业生身份报考国家机关公务员，报考中央国家机关和东、中部地区公务员的，同等条件下优先录取，报考西部地区公务员的，笔试总分加5分；在录用党政机关公务员和新增国有企事业单位专业技术人员、管理人员时优先录用、招聘志愿者。

鼓励参加"三支一扶"工作

"三支一扶"，指高校毕业生到农村基层从事支教、支农、支医和扶贫工作。服务期满后享受相关政策优惠及就业推荐。

（1）服务期满的毕业生，原服务单位有职位空缺需补充人员时，优先考虑接收。县、乡各类事业单位，有职位空缺需补充人员时，拿出一定职位专门吸纳这部分毕业生。服务期满自主创业的，可享受行政事业性收费减免、小额贷款担保和贴息等有关政策。应届毕业生自愿到国家需要的艰苦地区、艰苦行业基层工作，服务达到国家规定年限，并符合相应条件的，可享受国家助学贷款代偿政策。

（2）服务期满且考核合格，报考党政机关公务员的，可以通过适当增加分数以及其他优惠政策，优先录用。到西部地区和艰苦边远地区服务2年以上，服务期满后3年内报考硕士研究生的，初试总分加10分，同等条件下优先录取。对于已被录取为研究生的应届高校毕业生参加"三支一扶"项目的，学校为其保留学籍。

（3）各级人事、教育、农业、卫生、扶贫等部门将制定切实有效措施，积极吸纳"三支一扶"大学生进入本系统工作。各级人事部门将为"三支一扶"大学生建立专门的人才库，广泛收集各类用人单位的岗位需求信息，动员各类用人单位接收"三支一扶"大学生，有针对性地提供就业指导和推荐，帮助落实就业单位。

（4）服务期满考核合格的"三支一扶"大学生，根据本人意愿可回原籍或到其他地区工作，落实了接收单位的，接收单位所在地区准予落户。进入国有企事业单位的，由接收单位按照所任职务比照同等条件人员确定其职务工资标准；其服务期限，计算为工龄。在今后晋升中高级职称时，同等条件下优先评定。

选聘高校毕业生到村任职

（1）比照本地乡镇从高校毕业生中新录用公务员试用期满后工资收入水平确定工作、生活补贴标准，按月发放。补贴资金由中央和地方财政共同承担。除中央财政补贴资金外（西部地区人均每年1.5万元、中部地区人均每年1万元、东部地区人均每年0.5万元），湖北省按人均每年5 000元标准另行补贴，补贴资金由省财政承担。

（2）中央财政按人均2 000元发放一次性安置费。

（3）在村任职期间，按照有关规定为到村任职大学生办理养老、医疗、工伤等社会保险，费用（个人应缴部分除外）由县（市、区）财政支付，年人均约为200元。

（4）符合国家助学贷款偿还政策规定、聘期考核合格的，其在校期间的国家助学贷款本息由国家（中央或县级财政）代为偿还。

（5）在村任职2年以上，具备"选调生"条件和资格的，经组织推荐，可参加选调生统一招考。

（6）在村任职2年后报考党政机关公务员和事业单位工作人员的，享受放宽报名条件、增加分数等优惠政策，同等条件下优先录用。今后招考公务员、"选调生"和事业单位工作人员时，安排一定比例专门面向选聘到村任职的高校毕业生考录。县乡机关公务员将重点从选聘到村任职的高校毕业生中招录。

（7）聘期工作表现良好、考核合格的，报考研究生享受增加分数等优惠政策，在同等条件下优先录取。

（8）被党政机关或企事业单位正式录用（聘用）后，在村任职工作时间可计算工龄、社会保险缴费年限。

（9）到贫困县等艰苦地区农村任职的，户口可留在现户籍所在地。

实施"特岗计划"，鼓励引导高校毕业生到农村学校任教

"特岗计划"引导和鼓励高校毕业生扎根农村，对于3年服务期满的特岗教师，鼓励他们继续从事农村教育事业，对自愿留在本地学校的，各地要负责落实工作岗位，将其工资发放纳入当地财政统发范围，保证其享受当地教师同等待遇。同时规定：今后城市、县镇中小学校教师空缺需补充人员时，应优先聘用服务期满的特岗教师和其他引导、鼓励高校毕业生下基层项目的服务期满人员。还增加了一项新的政策："特岗计划"的实施与教育专业硕士培养计划相结合，今后申报"特岗计划"、符合相应条件要求的应届本科毕业生可推荐免试攻读教育专业硕士。

第三节　大学生就业阶段各项程序

就业作为每位大学毕业生都必须亲自完成和经历的活动，不仅受到国家法律、就业法规与政策的约束，而且必须遵循一定的原则和程序。大学生想要获得理想的职业，进而被社会承认，被用人单位所接纳，只靠良好的愿望是不够的，熟悉和做好毕业前的各项程序和环节才是是成功就业的重要前提。

职 业 故 事

　　某艺术类院校应届毕业生小董,将要参加学校为毕业生举办的艺术类毕业生就业市场,但他很盲目,不知道参加招聘会要准备些什么。其实在他们毕业前的一个学期,学校专门为毕业生开设了就业指导课,但小董当时并不以为然,上课时也没有认真听老师讲解的就业程序。在招聘会当天,小董选择了一个就业单位应聘,当就业单位向小董要求提供简历和毕业生推荐表时,小董只是提供了一张头天晚上临时写的自荐材料。结果可想而知,就业单位很快拒绝了小董的应聘要求。

透 过 现 象

　　毕业生在求职择业前,如果不熟悉就业的程序和步骤,就会像故事中的小董一样,很难顺利地求职成功。因此,毕业生应该在毕业前系统了解整个就业程序,摆正自己位置,明白自己什么时候该做什么、怎样去做,做到每个就业步骤和程序心中有数。只有走好择业的每一步,才能成功实现自己的择业理想。

专 家 评 述

一、基本程序

　　(1)毕业生资格审核、毕业生基本情况和生源地录入、进行信息核对、上报省教育厅审批。

　　(2)参加系列就业讲座及学院组织的就业指导。

　　(3)毕业生制作个人推荐材料;申报优秀毕业生材料。

　　(4)毕业生领取《高校毕业生登记表》,填写完成后交回学校,由学校及各院系对毕业生作毕业鉴定。

　　(5)领取《毕业生双向选择就业推荐表》,在辅导员审核并填写评语,加盖学院公章后,经学校就业指导中心统一审核后,发放至毕业生参加双向选择活动。同时学院就业指导中心将《毕业生就业协议书》下发给各院系,毕业生从各院系领取,供毕业生与用人单位正式签订协议时使用。推荐表、协议书每位毕业生一套,应妥善保管,如丢失,补办手续为:登报声明→填写补办申请表→学院审核同意;凭申请表到就业指导中心审批补办→从送审之日起,一周后才可换发新材料。遗失所引起的相关后果,由毕业生本人承担。

　　(6)收集、筛选用人单位需求信息。可以通过学校组织的就业市场、学校就业网站等途径获取就业信息。

（7）毕业生自我推荐、面试（根据需求信息，向有需求意向的单位寄送推荐表复印件和个人自荐材料或直接参加各地举办的供需见面洽谈会和校园招聘会）。

（8）毕业生确定就业单位，签订协议书。

①毕业生通过双向选择与用人单位达成就业意向。

②毕业生应了解用人单位有关情况，慎重签约。双方在谈妥有关细节后，毕业生可将推荐表原件、成绩单原件、协议书交接收单位。

③接收单位填写协议书中的有关内容，并加盖公章；毕业生签字确认。

④接收单位将毕业生的协议书、推荐表、成绩单等材料原件，报送单位所属的政府就业主管部门审批（审批手续按各地当年政策办理）。

⑤接收单位或毕业生将手续完备的协议书一份，连同其他审批材料（如接收函、《审核备案表》、录用通知书等）尽快寄送至辅导员老师。其他三份，一份由学生本人留存，一份由接收单位存档，一份由单位主管部门存档（如单位主管部门无需存档，由毕业生自己留存）。

⑥学校就业指导中心根据寄送回的协议书和其他审批材料编制、上报就业派遣方案。如手续不全，返回补办后方能办理就业派遣手续。至此，毕业生与接收单位的签约程序结束。

（9）办理报到派遣

①毕业生办完全部离校手续后，按学校规定时间到学校毕业生就业指导中心领取《毕业生就业报到证》。

②毕业生从学院领取《就业报到证》和保卫处户籍科开具的《户口迁移证》并办理档案自提手续后，到用人单位报到。

③毕业时未落实就业单位的毕业生，可以将《毕业生就业报到证》直接开回生源地自主择业，也可以在国家规定的两年择业期内继续择业，择业期满仍未落实就业单位的，可将《毕业生就业报到证》开回生源所在地自主择业。

二、就业协议书

1. 就业协议的性质和作用

就业协议是《普通高等学校毕业生就业协议书》的简称，因为它是明确毕业生与用人单位在毕业生就业工作中的权利和义务的书面表现形式，部分省份协议书中还沿用学校意见栏目。就业协议一般由国家教育部或各省、市、自治区就业主管部门统一制表，由学校发给毕业生与用人单位盖章并备案。签订就业协议书是国家为规范高校毕业生就业工作，避免混乱，杜绝就业欺诈行为，维护高校毕业生就业工作严肃性，为维护毕业生、用人单位和学校的合法权益而采取的一项必要措施。就业协议书是毕业生就业和用人单位接收毕业生的依据；是学校进行毕业生就业管理、编制就业建议计划、就业率统计的重要依据，同时作为毕业生办理报到、接转行政和户口关系的依据。

2. 签订就业协议书的程序

就业协议的订立一般要经过两个步骤，即要约和承诺。毕业生和用人单位在双向选择中达成一致，即为要约完成。在与用人单位达成一致后，毕业生到学校毕业生就业工作部门领取就业协议书，与用人单位签订协议，即为承诺。

就业协议书签订的基本程序是（见图2-1）：

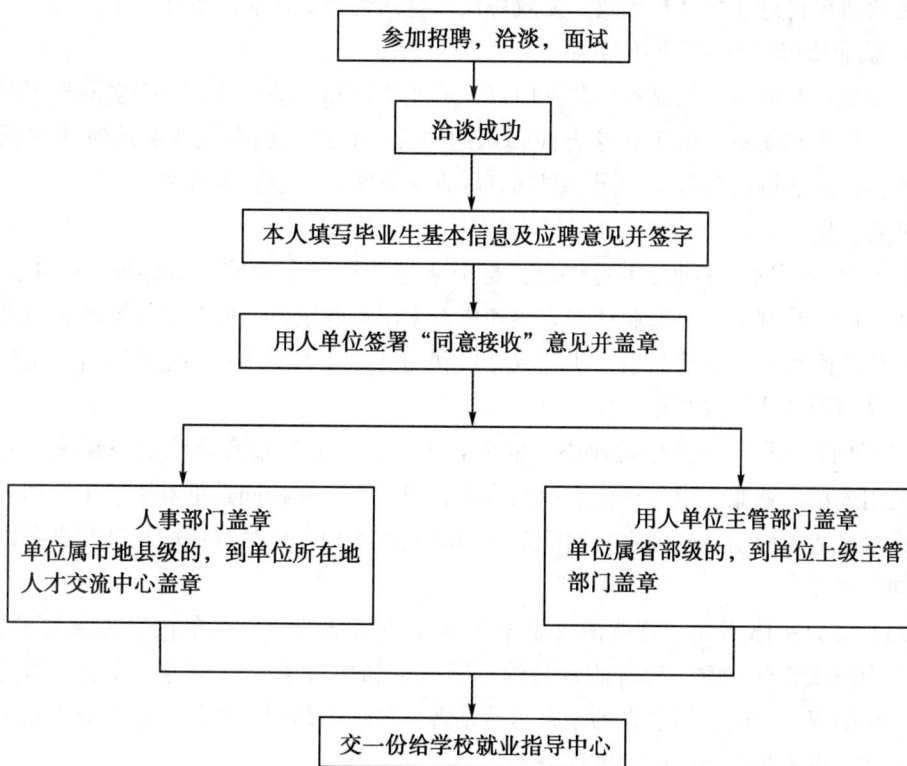

```
┌─────────────────────────────┐
│     参加招聘，洽淡，面试      │
└─────────────────────────────┘
              │
┌─────────────────────────────┐
│         洽谈成功             │
└─────────────────────────────┘
              │
┌─────────────────────────────────────┐
│  本人填写毕业生基本信息及应聘意见并签字 │
└─────────────────────────────────────┘
              │
┌─────────────────────────────────────┐
│   用人单位签署"同意接收"意见并盖章      │
└─────────────────────────────────────┘
         │              │
┌──────────────────┐  ┌──────────────────┐
│    人事部门盖章    │  │  用人单位主管部门盖章 │
│ 单位属市地县级的，到 │  │ 单位属省部级的，到单位 │
│ 单位所在地人才交流中 │  │ 上级主管部门盖章      │
│ 心盖章            │  │                   │
└──────────────────┘  └──────────────────┘
         │              │
      ┌─────────────────────────┐
      │   交一份给学校就业指导中心  │
      └─────────────────────────┘
```

图 2-1　签订就业协议书流程图

（1）毕业生和用人单位达成协议并在就业协议书上签名盖章，用人单位应在协议书上注明可以接收毕业生档案的名称和地址。

（2）用人单位上级主管部门批准盖章。

（3）用人单位必须在与毕业生签订协议书起的十个工作日内将协议书送学校毕业生就业的工作部门。

（4）学校审核后将相应单联反馈毕业生，毕业生及时将协议书中用人单位保留单联反馈用人单位。

3. 无效就业协议

无效就业协议，是指已经成立，因不符合法律规定的生效条件，因而不具有法律效力的就业协议。一般来讲，下列就业协议无效：

（1）未经所在高校签证认可的。

（2）一方以欺诈、胁迫等手段订立的，损害国家利益的就业协议；恶意串通，损害国家、集体或第三人利益的就业协议。

（3）以合法形式掩盖非法目的的就业协议。

（4）损害社会公共利益的就业协议。

（5）违反法律、行政法规的强制性规定的就业协议。

无效协议自订立之日起无效。无效协议产生的法律责任应由责任方承担。

4. 就业协议与劳动合同的关系

大学生毕业前后往往要签订两种协议，就业协议和劳动合同。但很多同学不明白两种协议的区别和联系，由于在这方面知识的缺失，导致他们在就业签约时往往顾此失彼。其实，就业协议与劳动合同之间既有区别又有联系。主要表现在：

两者区别：

（1）作用不同。毕业生就业协议，是毕业生在校时由学校参与鉴证，与用人单位协商签订的，编制毕业生就业计划方案和毕业生派遣的依据。而劳动合同是指劳动者与用人单位之间为确立劳动关系，明确双方权利和义务的书面协议，是劳动者从事何种岗位、享受何种待遇等权利和义务的依据。

（2）内容不同。毕业生就业协议的内容主要是毕业生如实介绍自身情况，并表示愿意到用人单位就业、用人单位表示愿意接收毕业生，学校同意推荐毕业生并列入就业计划进行派遣。劳动合同内容是明确双方当事人在实现劳动过程中的权利与义务以及违反合同的责任。

（3）签订主体不同。就业协议是学生毕业前与学校、用人单位三方签订的协议，学校作为协议签订一方，起着监督与约束毕业生和用人单位的作用。劳动合同是承诺性、有偿的双方合同，当事人的一方是劳动者，另一方是用人单位，学校既不是劳动合同的主体，也不是劳动合同的鉴证方。

（4）签订顺序不同。一般来说就业协议签订在前，劳动合同订立在后。如果毕业生与用人单位就工资待遇、住房等有事先约定，亦可在就业协议备注条款中予以注明，日后订立劳动合同对此内容应予认可。

（5）具备法律效力的方式不同。就业协议是一经毕业生、用人单位、高校、用人单位主管部门签字盖章，即具有一定的法律效力。而一份有效的劳动合同除由双方签署意见外，还须用工单位所在地劳动管理部门（各级劳动局）鉴证、盖章，才具备法律效力。

两者联系：

就业协议是在毕业前，毕业生与用人单位进行双向选择，如果双方有意建立劳动关系，则签署就业协议，它是毕业生与用人单位在毕业后建立劳动关系，签订劳动合同的保障。除非一方毁约，否则就业协议的归宿就是劳动合同。学生毕业后到单位报到，签署正式劳动合同，就业协议失效。

5. 就业协议的解除及违约责任。

（1）就业协议的解除。

①单方解除协议。单方解除又可以分为单方擅自解除和单方依法或依协议解除。单方擅自解除协议，属违约行为，解约方应对另一方承担违约责任。协议违约的一方有可能是用人单位，或者是毕业生，从实际情况来看，毕业生违约的情况较多。毕业生违约，除本人应承担违约责任，支付违约金外，往往还会造成其他不良的后果。比如，毕业生因某种原因违约，会造成用人单位为其安排的招聘工作付之东流，对用人单位的正常工作的造成不便。而学校会因此被用人单位误解，并怀疑学校的推荐工作，会影响学校和用人单位的长期合作关系；同时影响学校就业计划方案的制定和上报；影响学校的正常派遣工作；甚至影响今后学校的毕业生就业工作。对其他毕业生而言，一旦某个毕业生和用单位签约后违约，会造成其他毕业生因为录用时间等原因，无法再被用人单位录用。因此，毕业生在就业过程应慎重选择，认真履约。

单方依法或依协议解除，是指一方解除就业协议有法律上或协议上的依据，如学生未取得毕业资格，用人单位有权单方解除就业协议；毕业生考取国家公务员后，可解除就业协议，或依协议规定，毕业生未通过用人单位所在地组织的公务员考试，用人单位有权解除协议。此类单方解除，解除方无须对另一方承担法律责任。

②三方协商解除。三方协商解除是指毕业生、用人单位、学校三方经协商一致，消灭原订立的协议，使协议不发生法律效力。此类解除因是三方当事人真实意思表示一致的体现，三方均不承担法律责任，三方解除应在就业计划上报主管部门之前进行，如果就业派遣计划下达后三方解除，还须经主管部门批准办理调整改派。

（2）违约责任。

就业协议书一经毕业生、用人单位、学校签署即具有法律效力，任何一方不得擅自解除，否则违约方应承担违约责任。根据我国《民法通则》的规定，承担违反就业协议的责任方式主要有以下几种：停止侵害；排除妨碍；消除危险；返还财产；恢复原状；赔偿损失；支付违约金；消除影响、恢复名誉；赔礼道歉等。

思 考 案 例

（1）2009年12月，北京某拟成立文化传媒集团公司与某艺术高职院校舞蹈系和表演系20名应届毕业生通过该校签订了就业协议。2010年1月，该拟成立文化传媒集团公司给该校来函称："因我公司注册申报程序原因，国家有关部门还未批准，能否批准还存在不可预测情形，现需要解除与你校20名毕业生签订的就业协议。"

请问：该拟成立文化传媒公司单方解除就业协议的行为是否构成违约？

（2）某艺术高校美术系毕业生小陈与某传媒公司达成了就业意向，在签订就业协议书的过程中，她为图方便，自己在协议书上签字后，要求学校先鉴证，然后交用人单位签约。但令她没有想到的是该用人单位在协议书上另外增加了有损于她的权益的其他条款，并盖了章。小陈收到三方签字盖章的就业协议书后，告知学校，要求学校出面与传媒公司交涉，取消对其不利的条款。

请问：小陈与传媒公司签订的就业协议书是否生效？对小陈不利的条款是否可以取消？小陈在签订就业协议书的过程中犯了什么错误？

❋ 延 伸 阅 读 ❋

毕业生签订就业协议时应该注意的重要事项

毕业生就业协议明确三方的权利和义务，具有法律约束力，也涉及毕业生的切身利益，因而毕业生在就业签约时应注意以下几个问题，以切实维护自身在签订就业协议过程中的合法权益。

一是认真地了解、掌握国家和地方各级政府就业政策以及学校的有关就业规定。

二是慎重签订就业协议书。毕业生在与用人单位签订就业协议书前，要认真阅读协议书中的全部条款，特别是要清楚用人单位提出的附加条款，并弄清楚条款的内容和含义，同时还要学会运用条款和掌握签订就业协议书的步骤。着重要注意以下几点：

（1）要了解用人单位有无独立的人事权，以及用人单位的上级主管单位和部门是谁。如果用人单位没有独立的人事权，除了用人单位盖章外，还必须有其上级主管部门的公章；否则，由于用人单位的上级主管单位或主管部门不认可，所签协议书将为无效协议书。

（2）要查明用人单位的资质情况。签订就业协议的当事人必须具备合法的主体资格，一般而言，用人单位必须具有从事各项经营或管理活动的能力，单位应有用人指标和用人人事权。由于就业市场招聘单位类型多样，不乏鱼目混珠的情况，因此毕业生在与用人单位签订就业协议时应慎重，要仔细了解用人单位的基本资质情况，才能做出正确的判断。

（3）要按正确的程序签订就业协议书。毕业生就业协议的签订应按照规定的程序进行。一般而言，毕业生应凭用人单位接收函到学校领取就业协议书，在与用人单位签约后交学校就业工作部门鉴证。但是，现在越来越多的用人单位要求学生先带上就业协议书面试，以确定该毕业生是否还没有与其他用人单位签订协议，所以也可以由学生在学校就业部门领取就业协议书，先与用人单位签订就业协议，再将就业协议交学校就业部门审核。不管怎样，就业协议书的签订必须由学校就业部门最后把关，以维护学生的合法权益。

（4）要明确有关条款的内容。毕业生就业协议一般由主管部门事先拟定，对毕业生与用人单位起示范作用。毕业生与用人单位对有关条款可以协商还可以增加相关条款。但毕业生与用人单位在签约时，应尽量采用示范条款。如确有必要进行变更或增加，必须明确其内容，不要产生歧义，尤其是涉及福利待遇、工作期限、违约责任等方面，应明确，否则一旦发生争议，由于事先约定不明确，不利于毕业生自身合法权益的保护。

（5）要注意与劳动合同的衔接。由于毕业生就业协议签订在先，为避免在日后订立劳动合同时产生纠纷，应尽可能将劳动合同的主要内容体现在就业协议的约定条款中，并明确表示在今后订立劳动合同时应予确认；否则双方日后就劳动合同有关内容达不成一致意见，且事先无约定时，若毕业生表示不愿在该单位工作，用人单位反过来要毕业生承担违反就业协议的责任。因而毕业生在就业过程中应就劳动报酬、试用期、住房、服务期限等劳动合同的主要条款与用人单位事先协商，体现在就业协议中，并将协议结果书面化，而不应只作口头约定。

（6）要对合同的解除条件做事先约定。毕业生就业协议一经订立，就对当事人具有约束力，一方不得随意解除，否则应承担违约责任。毕业生如对用人单位情况不是很了解或感到不完全如意，但又担心就业市场的变化，一旦放弃后落实就业单位可能更困难。在这种情况下，毕业生可与用人单位在就业协议中就解除条件作约定。若约定条件一旦成就，毕业生可依约解除协议，而无需承担违约责任，避免产生经济损失或其他争议。

（7）要注意备注（所约定条款）的合理性和可接受性。目前高校毕业生使用的就业协议书是由教育部统一印制的，由于地区之间、用人单位之间存在着差异和各自情况的不同，协议书中不可能规定得很全面、详细，许多内容要靠毕业生与用人单位约定，然后备注。但是，毕业生在与用人单位进行约定的时候要注意：约定的条件是否合理；约定的条款毕业生本人能否承受（例如对于违约问题，有的用人单位为了惩罚违约的毕业生，约定的违约金数额过高，使学生难以承受）；毕业生与用人单位约定的备注条款，要注意必须有毕业生和用人单位双方的签字，否则当发生争议时，由于没有双方的签字，备注条款很难发生作用。

第三章

掌握技巧　充分准备

工作呀，我的目的地
你在哪里呵，你在哪里？
你可知道，我们寻找你
——全体毕业生寻找你！

我们对着高校喊：
工作呀，你在这里？
高校答复：
已经满了，已经满了
博士都排了长队
我们在处理成堆的简历！
我们对着公司喊：
工作呀，你在这里？
公司不屑一顾：
算了吧，算了吧
你没有工作经历！

我们找遍了神州大地
工作呀，你仍不在这里
不在这里，在哪里？
在梦里，在梦里
工作就在地平线，工作就在缥缈的太空里
我们一轮又一轮地寻找你
寻找你呵，寻找你
寻-找-你……

这是一首在网络上流传的小诗，诗中辗转反侧的语气透露出当今毕业生求职时的无奈与焦急的心情。随着市场经济不断发展，人才作为市场中一个重要的资源，也开始遵循市场运作的规律。毕业生作为卖方，把自己作为优质资源配置到更适合自己的岗位，是每个毕业生亟待解决的问题。因此，要了解信息的搜集、材料的准备、应聘程序等，以适应就业市场运作规律。

第一节　就业信息的收集和处理

2006 年年底，教育部和国务院其他部委、各省级就业指导部门联合举办首届大学毕业生网上招聘会活动。它受到各高校和毕业生的积极响应，取得了很好的成效。今天，网络招聘已经是招聘的主要形式之一，从政府到具体单位，都在利用这一信息时代的主要载体来实现人才配置。在大学生就业过程中，信息的来源是多渠道的，但作为实现就业的重要媒介，毕业生会甄别信息和筛选处理，有助于实现便捷就业。

职 业 故 事

小王是即将毕业的某艺术类高职院校学生，最近几天，一直为找工作的事情烦心。面对互联网上纷繁复杂的用人信息，不知如何下手。眼看着同学们找工作都陆续有了眉目，自己心急如焚。他做好了简历也不知道如何投递。总是觉得自己干这个也可以，干那个也可以，与此同时，顾虑也很多，怕离家太远，怕工作福利太差等。时间一长，整个人变得消极而低落，更没有精力去找工作了。

就 事 论 事

毕业生面临找工作时都会有一阵的彷徨期，这是每个人都要经历和面对的。尤其是在"90后"的大学生中，由于学生们眼界比之前更宽，思路比之前更为跳跃，所以在很多问题面前，显得过于浮躁和茫然。他们甚至已经习惯手到擒来的东西，独立处理问题的能力很欠缺。并且每个人都希望能在最短时间内，找到一个各个方面都很不错的工作，这种过于追求"完美"的态度是不正确且不实际的。如何度过这个阶段，如何在众多的用人信息中找到适合自己的，是毕业生最需要处理的问题。

专 家 评 述

一、就业信息来源途径

（一）获得就业信息的渠道

1. 通过学校就业主管部门获得信息

学校毕业指导中心的就业信息具有准确、可靠、多样、具体的特点，是毕业生获取就业信息的最直接、最有效、最主要的途径。学校收集的信息都会及时传至各系（处），或发布在学校网页的就业信息栏中。学生也可以就有关问题向就业指导中心进行咨询。

2. 通过各级毕业生就业指导机构获得信息

各级毕业生就业主管部门和人才服务机构，是沟通用人单位和大中专毕业生的桥梁和纽带，是为毕业生提供就业服务的专业机构。毕业生可通过他们组织的定期或不定期的人才交流洽谈会、大中专毕业生供需见面会等活动获取需求信息，这也是获取信息的重要渠道。

3. 通过各级政府主管部门和就业指导机构搜集

这些主管部门主要是国家教育部和省教育厅、人事厅及各市的教育局、人事局。这些部门和就业机构的主要职责，就是制定辖区的毕业生就业政策，提供高校毕业生和用人单位的信息，为毕业生就业提供咨询与服务。来自这方面的信息也是真实可信的。

4. 通过社会各级人才市场获得信息

随着社会主义市场经济建设的发展，我国人才市场中介机构也应运而生，在那里不仅可以了解到许多各类不同的机构和职位，而且还提供了一次极好的锻炼面试技能和增强面试中自信心的机会。

5. 通过新闻媒体获得信息

每年大学生毕业就业之际，报纸杂志上一般都会刊登一些关于大学生就业的指导信息，信息从不同侧面和角度反映了当年大学生就业的需求情况。在传媒业高速发展的今天，广播、电视、报纸、杂志等新闻媒体受到了招聘机构和求职者们的共同青睐，如《大学生就业》等每期都刊载有数量不等的招聘信息，除此以外，还辟出"择业指导"和"政策咨询"等专栏，为毕业生就业提供指导。

6. 通过社会关系网获得信息

在寻找就业信息的时候千万不要忘记了周围的亲戚、朋友，以及朋友的朋友，也许他们会提供一些机会。实际上大多数用人单位更愿意录用经人介绍和推荐进来的求职者，他们认为这样录用进来的人比较可靠，如果有这种机会最好不要放过。所以，在关键时候找个"关系"推荐一下，也许是最为有效的。当然，关系要靠自己去发掘，途径也应该正当，切不可不择手段。

一般可以为你提供信息的主要有以下几类人：

（1）家长亲友。家长亲友提供的职业信息主要来源于其个人的社会关系，相对固定，也有相当大的局限性。同时，毕业生由家长亲友提供的职业信息的数量和"质量"有很大的个人差异。对有些毕业生来说，家长亲友提供的职业信息是其主要的选择，对有些毕业生而言，则可能只是聊胜于无。

（2）学校的教师或导师。由于本专业的教师，比一般人更了解本专业毕业生适合就业的方向和范围，在与校外的研究所、企业、公司合作开发科研项目和教学活动中，对一些对口单位的人才需求信息了解得比较详细。

（3）自己的校友。校友提供的职业信息的最大特点是比较接近本校，尤其是本专业的毕业生在人才市场上的供求状况及其在具体行业中的实际工作、发展状况，近几年毕业的校友更有着对职业信息的获取、比较、选择、处理的经验和竞争择业的亲身体会，这比一般纯粹的职业信息更有参考、利用价值。

7. 通过社会实践（或实习）过程获得信息

社会实践是大学生自我开发职业信息的重要途径。在社会实践的过程中，通过自己的努力赢得用人单位的好感、信任，取得职业信息甚至直接谋得职业的大学生不乏其人。因此，大学生在各种社会实践活动中，在了解社会，提高思想觉悟，培养社会能力的同时，要做一个收集职业信息的有心人。另外，还有一个很重要的实践环节是毕业实习，实习单位一般比较对口，通过实习可以直接掌握就业信息，如果在实习过程中与用人单位达成就业协议也是一个很好的就业途径。

8. 通过计算机网络获得信息

网络人才交流，最大的优势在于即使求职者身在异地也能获得大量招聘信息及就业机会。网络人才交流，突破了人才信息与招聘信息沟通的种种限制，实现跨越时空界限、打破单向选择的传统人才交流格局。

（二）获得信息渠道之间的比较

1. 从费用角度讲

关注校内信息和网上招聘信息所需的费用最少，而参加社会上的人才招聘活动除了需要门票开支外，还需要做必要的文字材料准备和衣着准备。求助于亲友虽然有时并不需要花费什么，但是感情投资却是相当多的。对学生而言，查看各类报纸上的招聘广告并不需要太大的花费，而在报纸上刊登个人求职广告的开支却与借助中介机构持平甚至高于想象的费用。

2. 从周期角度考察

不论何种途径都需要漫长的等待，但是相比较而言还是有所区别。求助亲友花费的时间或许是最短的，而到刊登招聘广告的单位应聘，如果被选中，会通知你参加面试，到录用还要等待。参加人才招聘会，尽管也有面试的成分，但是由于招聘活动的规模过大，竞争比较激烈，所以需要耐心的等待。虽然说网络的发展缩短、缩小了人与人间交流的时间和空间，但是在决定一个人是否被录用的事情上，任何一家用人单位都不会草率行事，面试是必不可少的，因此等待的时间与参加人才招聘会时等待的时间基本上是一致的。同样，求职于中介机构，不论是登记本人信息还是查找单位信息，时效性都会打折扣。

3. 对个人而言

花费力气最小的求职方式莫过于浏览网上信息，在网上不仅能迅速查阅到需求信息，而且能够了解到单位动态，从中掌握一个单位的发展前景，从而为就业决定奠定基础。虽然关注校内的就业信息是每个毕业生的本分，但是还是有些毕业生过于迟钝，等、靠、要，对那些重要信息视而不见、充耳不闻。参加人才招聘会与找一家中介机构相比，一个好的中介机构似乎更难找些，参加招聘则会更耗费心力和体力一些。

在困难的时候，家人和亲友的帮助会使大部分人很快地确定就业单位，然而针对性强的东西势必选择面窄，有时朋友好心推荐的单位并不见得让你满意。报纸上刊登的招聘广告，大多数是针对社会上有一定相关从业经验的人员，而给应届大学毕业生提供的机会比较少。

二、就业信息的整理和挑选

（一）如何选择适合自己的就业信息

毕业生在择业以前，必须要对自己做出一个全面的认识和正确的自我评价，不但要清楚自己想干什么，更要弄明白自己能够干些什么，要清楚自己的兴趣爱好、气质特点、性格特征、基本素质、专业知识、技术能力等，在此基础上，你可以从以下几方面入手来判断一下这条就业信息是否适合你。

1. 专业性

专业知识是毕业生在择业中比其他非专业人员更具竞争力的一个主要因素。专业是否对口，往往是用人单位和毕业生双向选择中的一项重要依据。

2. 兴趣爱好

近几年来，在毕业生择业中专业不对口现象越来越多，放弃专业固然可惜，但兴趣爱好是一个人工作事业取得成功的重要条件。研究表明，对自己所从事的工作有兴趣，就能发挥全部才能的 80%~90%，并能长时间保持高效率而不感到疲劳。不过记住，在选择爱好的职业前，应该了解自己的能力，这里讲的能力是专业知识以外，如计算机应用能力、外语能力、动手能力、实践能力、协调能力等。放弃了专业知识后，所面临的将是能力的竞争。

3. 性格特征

性格特征也与职业信息的选择有关。如果你是一个性格内向、好静不好动的人，面对两条就业信息，一个是需要办公室文员，一个是需要营销代表，那前者是你的选择。不同性格的人适合从事不同类型的职业，毕业生应该根据自己的性格特征来选择自己所适宜的就业信息。

（二）如何对信息进行整理和挑选

在已经收集到的大量的就业信息中，由于信息的来源和获得的方式不尽相同，内容必然是杂乱的，又相互矛盾的，也难免有虚假不实的。求职者可结合自身的实际情况，对获得的信息进行去粗取精、去伪存真的分析、筛选、整理、鉴别，取其精华，使信息具有准确性、全面性和有效性，更好地为自己择业服务。在进行就业信息的筛选和处理的方法上可把握以下几点：

1. 有针对性地进行比较选择

把那些从"小道"得来或几经转达而未经证实的信息与有根有据的信息区别开来。前者有待于进一步证实；后者则可以作为自己择业的参考依据。当然，在对信息进行比较的过程中，要根据自己的性格、兴趣、特长来分析，看看自己与哪些信息更吻合，哪个单位对自己的发展更有利等。

2. 对有关信息按不同内容进行整理分类

就业信息不仅仅是用人单位的需求信息，它涉及的范围很广。比如，有的是关于就业方针、政策方面的信息，有的是与自己所学专业有关的信息，有的是关于需要人员的素质要求方面的信息，等等。

3. 对所获得的信息进行分析

分析就业信息有三层含义：

一是要识别真假，做可信程度的分析。就业信息是否准确，是择业人员做出决断的关键环节。信息不准，会给择业工作带来决策上的失误。一般来说，学校毕业生就业机构提供的信息可信度比较高，因为用人单位向学校提供的信息都有一定的信度。其他渠道得到的信息，因为受时间性或广泛性的影响，还需要进一步核实，才能判断可信程度。

二是要进行效度分析，对信息的可用性进行鉴别，要看这条信息能否为我所用，比如：自己所得到的信息是否政策允许范围之内的、信息中所反映的对所需生源状况及人的素质要求等。

三是信息的内涵分析。信息的内涵包括用人单位的性质、要求以及限定条件等。

4. 及时反馈

当收集到一条或更多的信息后，一定要赶快分析处理并及时向信息发出者反馈信息。只有及早准备、尽快出击，才能在人才市场的激烈竞争中争取主动。真可谓"花开堪折直须折，莫待无花空折枝。"就业信息对毕业生来说十分宝贵，当获得准确有效的信息后若能及时进行分析，则有助于在择业中做出正确选择。

(三) 需要注意的问题

1. 要注意信息的广度、效度和信度

广度是指扩大信息渠道，多方面多角度收集信息，增加信息量；效度是指信息的各种要素是否齐备，尤其是时间上的要求及与切身利益相关的要素是否清晰；信度是指信息的可靠性。一般说来，学校、系就业指导部门提供的信息信度较高；家长和亲友提供的信息效度较高，而同学之间就业信息的交流则扩大了信息的广度。

2. 要处理好内因和外因的关系

所谓内因，就是学生选择职业的自主性。作家柳青曾经说过："人生道路虽然漫长，但紧要处常常只有几步，特别是当人年轻的时候。"可以说，选择职业就是人生的紧要处之一，应当由学生自己决断。因为大学毕业生的自我评价、自我分析、自我判断的能力已基本形成，完全可以自主择业。所谓外因，是指学校、家长、同学的帮助和影响。在分析信息、拟定和选择职业目标时，多听取亲友、老师、同学的意见，可以使决策更加趋于正确和可行。在处理两者关系上，大学毕业生既要防止"固执己见、盲目择业"的倾向，也要克服"人云亦云，依赖他人，缺乏主见"的倾向，力求在广泛征求意见的基础上，自主确定择业目标。

3. 要做到果断、灵活

由于确定决策与实施决策的时间差，客观形势可能发生了变化，甚至变化很大，这就需要大学生果断、灵活决断。在这个阶段，学校老师和同学的帮助作用凸显出来，而家长往往鞭长莫及。例如，在一次北京高校毕业生供需见面会上，由于用人单位的需求变化，需要学生当场决断，及时签订协议书。很多同学在负责就业指导的老师的帮助下，果断地决策，愉快地与用人单位签订了协议。也有不少同学犹豫不决，企盼征求远在他乡的父母的意见，结果失去了择业的良机。

延伸阅读

信息时代，学会获得信息，准确判断信息，运用信息，对于个人的成长发展将是极为重要的环节。因而，希望大家能认识信息收集、整理、分析、运用的重要性。同时为能更好地做好信息的收集，给大家提出以下几点建议：

（1）选择一个好的电子邮箱，信息分类整理。

（2）养成一个好的习惯，每天上网检查邮箱，浏览就业信息量大的网页，保持信息更新。

（3）选定一个适合自己的就业方向，收集此方向的就业信息，分析整理，逐项对照，检查个人素质能力差距。

第二节　求职材料的整理和编辑

广告是为了某种特定的需要，通过一定形式的媒体，公开而广泛地向公众传递信息的宣传手段。作为一名毕业生，要接受社会和单位的挑选，首先就要包装和宣传自己。因此，求职材料就成了我们宣传自己，向各用人单位传递有利于自己信息的广告。

一条广告，优点的展示一定是设计的重点。一份求职材料，优势的展示一定也是重点。如何有针对性地制作求职材料，将自己的优势和特点传达给用人单位，这需要技巧。

职业故事

王凯，是一名大三的学生，专业是舞蹈表演。对于专业水平，他可谓是信心满满。临近毕业，有一家用人单位来学校进行招聘，王凯对于该单位非常感兴趣。但是，用人单位要求他提供完整简历的要求却难住了他。平时对自己的学业疏于整理，一时间不知该怎样制作一份完整、专业的简历。用人单位希望他能提供一些演出的视频资料，也令王凯非常为难，因为这些资料在短时间内收集不全。

就事论事

“思维灵活，向往自由”是艺术类学生性格上的特点。很多学生在专注自己专业学习的同时，忽略了对于资料的收集与整理，导致真正用得上的时候却两手空空。现在的用人单位希望招聘的员工不仅有过硬的专业知识，同时也希望员工是一个职业素质全面的人才，如果只能在舞台上表演，而对于类似文案的工作却简而化之，也不是一个合格的员工。所以对于求职材料的准备，是每一个艺术类学生所必须具备的能力。

专　家　评　述

一、什么是求职材料

毕业生在求职择业的过程中遇到心仪的单位和职位时，要通过自我推荐去求得这一职位。在自荐求职时，为了便于用人单位对自己的了解，毕业生必须准备一份介绍自己的书面材料。这个说明毕业生本人有关情况的个人材料，就是求职材料。它一般包括求职信、推荐表、个人简历、证明材料等。

求职材料非常重要，它是毕业生与用人单位之间交流信息的载体。对毕业生来说，可以通过求职材料向用人单位介绍自己的情况和就业意向，表达对用人单位所提供的职位感兴趣的原因和努力工作的决心。这是争取就业机会的重要步骤，是通往就业之路的"敲门砖"。

对于用人单位来讲，由于求职材料是求职者本人对大学生活的一个全面总结和评价，能够反映求职者个人的总体情况和综合素质，所以，求职材料是用人单位了解毕业生的基本途径，是用人单位透视学生的窗口和决策的重要依据。

二、求职信

求职信是毕业生向用人单位自我推荐的书面材料，是求职材料中最关键的支柱性文件。求职信能否吸引招聘者的眼球，直接关系到毕业生是否能获得面试的机会。写好求职信是敲开职业大门的重要步骤。

（一）什么是求职信

求职信，又称自荐信，是求职者针对特定的用人单位，表达自己希望得到该单位某项工作而写的特殊信件，具有介绍性和自我推荐性，是要通过表达求职意向并概述自身能力引起对方的重视和兴趣，达到求职到位的目的。

撰写求职信必须明确三个要点。一是对象：求职信是求职者针对特定的用人单位写的。二是目的：写求职信的目的是求职，是获得一份工作，是求职者表达自己希望得到该单位的某项工作而写的特殊信件。三是内容：求职信通过表达求职意向和愿望（请求性），介绍自己基本情况和条件（介绍性）并概述自身能力引起对方的重视和兴趣（自我推荐性），达到求职到位的目的。

（二）求职信的基本格式和具体内容

求职信的基本格式要符合书信的一般要求，包括称呼、正文、署名和日期，必要时加上附件内容。

1. 称呼（称谓）

求职信的称呼比日常书信所用称呼要正规。通常，写给国家机关、事业单位时，可以用"尊敬的××处长（科长）"称呼；写给外资企业时，可以用"尊敬的××董事长（总经理）先生"称呼；如果写给一般性企业，可称为"尊敬的××厂长（或经理）"；而写给学校，则以"尊敬的××教授（或校长、老师）"称呼。当然，有的求职信，也可以直接称为"尊敬的负责同志"等。

称呼要尽可能准确到位，以免引起对方反感而影响应有的效果。招聘负责人的职位和姓名可从各种职业信息中获得。

2. 正文

正文是求职信的主要部分，包括三个方面的内容。一是求职意向即求职的职位或大致范围；二是自我介绍即自己所具有的用人单位需要的基本条件和才能；三是工作态度，表达如果自己被录用后，将以怎样的态度和决心对待工作。从形式上看，正文包括以下三个部分：

（1）开头。开头部分一般可说明三个意思，一是信息的来源或获得信息的渠道，二是求职意向，三是对用人单位及申请职位的认识。

①信息的来源或获得信息的渠道。应该说明你是如何得知该职位的招聘信息的。这样可以避免对方觉得莫名其妙或者觉得求职者是在漫无目的地"大撒网"，没有诚意，同时也使单位的人事部门更好地了解各种招聘途径的效果，从而会让招聘公司立即对你产生好感。如："我从《××职位快讯》上看到贵公司正在招聘××职位，我寄上简历敬请斟酌。"

②求职意向。要明确求职的职位或大致范围。注意一定要开门见山清楚明确地写明对公司有兴趣并想担任他们空缺的职位，这样会使求职信显得有针对性和条理性。

③对用人单位及申请职位的认识（从单位和职位的角度来讲），一是要说明单位的一些优势或发展前景，说明职位的意义或重要性，体现对单位和职位的认同和兴趣；二是说明单位所属的产业或行业性质以及所求职位对工作人员在专业知识、综合能力等方面的要求，从而顺利转入下文介绍自己的基本条件并展示自己符合职位要求的个人才能和经验。

（2）主体。此部分是求职信的主体部分和重点，主要包括自我基本情况介绍和对自己符合职位要求的个人才能、经验以及有关兴趣特长的展示。

①简单地介绍自我——介绍自己所具有的用人单位需要的基本条件，包括姓名、性别、出生年月、政治面貌、学历、毕业院校、所学专业、特长爱好、主要优缺点等。

②展示自己符合职位要求的个人才能和经验等，重点是与所求职位有关的学历和经历，其中工作经历或者可以称为实践经历，如勤工助学、课外活动、义务工作、参加的团体组织、实习经历等，这部分应该写得详细一些，用人单位常常通过这些内容考察求

职者的团队精神、组织协调能力等。

③兴趣爱好——最好列上两三项，要与所求职位有关系；不能罗列太多，使用人单位感觉你是一个"万金油"。

（3）结尾。

①简述自己对该单位感兴趣的原因（从自己的角度来讲），说明自己期望能在该单位供职的愿望。同时表达如果自己被录用后，将以怎样的态度和决心对待工作。

②感谢他们阅读并考虑你的应聘，表达希望参加面试并表明你希望尽快得到回音，希望对方给予答复的愿望。对方可能会通知你面试，需要与你联系，所以要给出与你联系的最佳方式。这里注意：联系方式一定要写清楚。

③最后加以简短的表示敬意、祝愿之类的祝词。如"祝贵公司兴旺发达"，"深表谢意"，当然也可用"此致敬礼"之类的通用语。

3. 署名和日期

可在署名前写"学生××"，还可以直接签上自己的姓名。日期写在署名右下方。

4. 附件目录

求职信一般都同时寄出简历和一些有效证件，如外语等级证书复印件、计算机等级证书复印件、获奖证书复印件、简历等。这就需要有附件目录，既方便招聘单位审核，也给对方留下自己周密、细致、有条理的好印象。

(三) 撰写求职信注意事项

与求职材料中"专业化"的简历和"职业化"的各种证书相比，求职信是比较"人性化"的资料，就好像是推销员进门跟人打招呼，说明来意。因此撰写求职信时要注意：

首先，态度一定要诚恳礼貌，尊重自己、尊重别人；

其次，是要重点突出，简单明了，不占用对方过多的时间，求职信中的有些叙述要简短，没有必要具体陈述，因为履历表将负责这些；

最后，就是要能够引起对方的兴趣，让对方有兴趣继续看后面的简历和证书等材料。

三、就业推荐表

就业推荐表是学校正式向用人单位推荐毕业生的书面材料，具有较大的权威性与可靠性。用人单位往往对该表比较重视，在发给学生录用通知以前一般要先见到该表的附件。

(一) 什么是就业推荐表

毕业生就业推荐表是学校为毕业生特制的求职材料，是学校专门为广大毕业生设计的一种综合反映学生在整个大学期间基本情况的较为规范的表格。

(二) 就业推荐表的内容组成

就业推荐表要填写的内容，一是毕业生本人的情况介绍，包括学生的个人情况、家庭情况、学习成绩等综合情况，也是学校对毕业生在校期间基本情况的认可；二是毕业生所在院系的推荐意见；三是毕业生所在学校就业主管部门的推荐意见。另外，还附有由学校教务部门提供的学习成绩等。

（三）填写就业推荐表要注意的问题

就业推荐表一般要求手写。

在填写时要认真仔细，字迹端正、工整、清晰、整洁，切不可马虎潦草，更不能涂改、造假，弄虚作假。

表中注明要填写单位意见并加盖单位公章的，必须让单位填写意见并加盖公章。

四、个人简历

简历是大学生求职的重要工具。一份好的简历，能创造面试的机会，增加被录用的概率。简历的优劣直接影响到大学毕业生的求职与择业能否成功。

（一）简历的含义与作用

个人简历也叫履历表，主要说明自己过去的经历，是自己学习、工作、生活经历的简要记述。

简历的作用主要体现在以下三个方面：

（1）对自荐信中的个人经历进一步说明和补充。简历与自荐信不同，主要叙述求职者的客观情况，而自荐信则主要是反映求职者的主观情况和求职意向。

（2）详细介绍自己，让用人单位全面了解自己。简历的目的是用来支持求职信，让用人单位全面了解自己，用以证明自己能适合担当所求职位的工作。

（3）全面展示自己的能力和素质，给用人单位留下良好印象。求职简历不同于一般工作简历。一般的工作简历只是个人的一份历史记录，仅反映自己曾经做过什么。而求职简历，不仅要反映自己能做什么，做过什么，还要反映做得怎样，具备哪些能力和素质。

（二）好简历的三个标志

一份好简历的标志是能够达到"信"、"达"、"雅"的要求。"信"就是简历中的内容要真实、可信，不能夸大其词或弄虚作假；"达"就是信息内容要客观、全面，达到充分展示自己的能力和才华，使对方详细了解自己、最终接受自己；"雅"就是在形式上要整齐、美观、素雅，并突出专业化的特点，而不是杂乱无章或过分华丽。

（三）编写简历的基本原则

简历编写是一门艺术，没有固定的格式。但是话又说回来，简历的编写虽无定则，但也有一些内在的基本特点。

1. 简洁性原则

简历不应太长，简历越长，被认真阅读的可能性越小。所以通常简历的长度为一张A4纸，只有某些高级专门人才在特殊情况下，可以准备两页以上的简历，即使如此，也需要在简历的开头部分作简洁清楚的资历概述，以方便招聘者在较短时间内了解基本情况。这个可以在建立页面上端写一段总结性语言，陈述你在事业上最大的优势，然后在工作介绍中再将这些优势以工作经历和业绩的形式加以叙述。

2. 针对性原则

简历要有针对性的求职目标。一份简历要围绕一个求职目标。如果你有多个目标，最好准备多份不同的简历，在每一份上突出重点。换句话说，求职于不同的行业、不同的公司和不同的职位，提交的简历应该是不同的。这将使你的简历更有机会脱颖而出。

3. 客观性原则

简历主要叙述求职者的客观情况，尽量避免主观性评价，采用客观性描述为宜。比如："我工作严谨且认真负责，在过去的工作中我有着出色的表现。"这样的说法是苍白无力的，难以令招聘者信服，不如直接提供客观的可以证明或者佐证求职者资历、能力的事实和数据。比如："2004 年在总公司中销售业绩排名第一。"为了客观，简历中要力求避免使用"我如何如何"的语句。

（四）简历的基本内容

简历包含了求职者和应聘职位的相关信息，因个人情况不同其内容有所差异，但是一般应包括以下方面的内容：

（1）标题。常用"简历"、"个人简历"、"求职简历"为标题。

（2）个人基本情况，也称为"抬头"或"个人名录"。它包括姓名、年龄（出生年月）、性别、籍贯、民族、学历、政治面貌、学校、专业、毕业时间等。但个人基本情况的介绍并非越详细越好，有的项目用人单位没有特别要求可以省略。

（3）联系方式。一定要清楚地标明怎样才能找到你，写清楚区号、电话号码、E-mail 地址。有毕业生喜欢频繁地变换手机号码、E-mail，当用人单位需要和他取得联系的最关键时候，往往无法迅速找到。在用人单位感到遗憾的同时，恐怕最遗憾的应该是毕业生本人。

（4）求职意向。简短清晰地表明本人对什么岗位、行业感兴趣。这部分内容必须能够回答"你想做什么？"或者"你能给公司提供什么价值？"最直接的方式就是写出职务名称。

（5）个人履历。主要是个人从高中阶段至就业前所获得最高学历阶段之间的经历，应该前后年月相接。

（6）个人的学习经历。主要列出大学阶段的主修、辅修与选修课科目及成绩，尤其是要体现与个人所谋求的职位有关的教育科目、专业知识。不必面面俱到（如果用人单位对个人在学校的学习成绩感兴趣，可以提供给他全面的成绩单，而用不着在求职简历中过多描述这些东西），要突出重点，有针对性，使个人的学历、知识结构让用人单位感到与其招聘条件相吻合。

（7）实习实训经历及所获得的技能。这是简历的核心部分，是反映求职者生产实践能力和岗位适应能力的。因此在简历中要把实习实训的项目名称、时间、地点及收获等简要写出来，把在企业顶岗实习经历、实习单位的评价等写出来，也要把课余时间参加的技能培训项目、时间、地点及所获取的技能等级等注明。用人单位从这些经历中可以全面了解求职者的实践技能和工作能力。

（8）实践活动和社会工作经历。这也是简历的重要组成部分，可以与上面的内容合并在一起写。许多用人单位特别是大型企业，对毕业生综合素质的要求不断提高，虽然知道大部分毕业生都没有多少工作经验，但非常看重在校期间担任的社会工作、职务、组织（参加）活动的情况。勤工助学、课外活动、义务工作、参加各种各样的团体组织等经历都足以让用人单位从中发现求职者的志向、爱好、组织能力、领导能力、团队协作精神和吃苦耐劳精神等。

（9）外语、计算机和其他水平。外语作为一种工具，计算机水平作为一种技能，越来越被用人单位重视。因此，毕业生除了在简历中写明已达到学校相关的教学要求外，也别忘了对取得的资格等级证书，或在某方面的过人之处进行自我评价。如果已取得驾驶证，也可注明。

（10）在校期间所获奖励。包括获奖学金、三好学生、优秀学生干部、优秀团员、社会实践优秀个人、优秀社团负责人等的时间、地点、级别。

（11）附件。主要包括各种技能等级证书、荣誉证书及发表的论文等复印件。有的单位要求有加盖学校确认章的成绩单。

（五）简历的主要格式

按外表形式来分，简历的格式可分为两类：表格式和半文章式。

1. 表格式

表格式简历就是用表格的形式列出自己的基本情况和学习、工作的经历等。这种简历完全是以表格的形式出现，综述许多种资料，层次分明，使人一目了然，易于阅读。这一格式通常适用于年轻的大学生、缺乏工作经历但具有各种诸如所学课程、课外活动、业余爱好和临时工作等资格的求职应征者。表格包括姓名、地址、联系方式、主要技能、成就、经历、受教育程度、个人资料、兴趣、爱好、特长、日期等栏目。

2. 半文章式

它指的是表格和文章综合使用的一种格式。这种格式使用较少的资料表格设计，而使用几段资料文字的记载。一般适用于资历丰富的求职者。

这种格式的简历，一般是按照年月顺序，根据需要有选择地列出自己的学习、工作经历，做到条理清楚，充分表现自己的技能、品德。

除以上两种主要的常用的格式之外，还有小册子式简历、时序式简历和职务式简历。

（六）编写简历需要注意的事项

（1）突出个性，独具特色。突出自己的特点，着力渲染与众不同的地方，把属于自己的地方说透。

（2）瞄准目标，有的放矢。应针对对方的要求，以简洁、明确的文字，表述出对方希望了解的内容。

（3）精心策划，重点放前。先填外语、计算机水平等专业方面的特长；再写善于组织活动、搞宣传，长于书法、绘画等一般特长。

（4）主题突出，文字简洁。毕业生没有工作经验，重点可放在学业成绩、参与过的课外活动、实践、实习经历和各种资格证书上。

（5）根据情况，张贴照片。照片在发式、穿着、打扮上要视工作性质而定，如谋求艺术、公关、外贸等工作，就要讲究一些；如果向学校、科研院所、政府机关、企事业单位求职，照片就要显得庄重、典雅、朴实一些。

（七）简历的使用

求职往往局限了简历的作用，事实上，简历表更可以在下列情况派上用场：

（1）在媒体上看到招聘广告时，可以寄出去。

（2）参加招聘或访问招聘人员的公司时，可以带几份去。

（3）拜托朋友帮忙寻找工作时，可以交给他们几份。

（4）面试时，简历表可以作为介绍自己的基本参考资料。

（5）面试后，可留几份供用人单位存档，或给有关人员传阅用。

（6）毕业后，可留给自己的学友、学弟做参考资料。

五、其他证明材料

求职材料中还包括一些能够提供证明之类的材料，主要包括：

（1）毕业证书、学位证书、学历证书和结业证书；

（2）"三好学生"、"优秀学生干部"、"优秀团员"、"优秀毕业生"等荣誉证书；

（3）英语四、六级、B级证书，计算机等级证书；

（4）各类奖学金等级证书；

（5）社会实践、征文比赛、文艺演出、体育运动会、社团活动等获奖荣誉证书；

（6）在正式出版物上发表过的文学作品、科研论文、美术设计作品、音像制品、摄影作品及各类小制作、小发明、小创作的图像资料。

凡能反映自己各方面能力的材料尽量能齐全，让用人单位过目时最好有原件。投递材料，则应选择具有代表性的证件复印件。

以上几种自荐材料各有侧重点，自荐信属于概述性资料，主要表达个体的求职意向和工作态度；学校推荐意见属于评价性资料，能增加求职材料的可信度；个人简历属于确证性资料，主要说明自己过去的经历；证明材料属于成就性资料，强调个体具备的技能和取得的成绩。这几种材料组合在一起，要形成一份有个性特色、结构合理、质量较高的自荐材料。

★ 课 堂 练 习

制作简单的自荐表（建议改成简历表）

个人简历表格式

姓名		性别		出生年月		照
籍贯		民族		政治面貌		
学历		专业		健康状况		片
家庭住址				邮编		
联系方式						
毕业院校						
担任职务						
所学课程						
获奖情况						
外语、计算机水平						
特长爱好						
实践实习						
自我评价						

第三节　熟悉招聘的各个环节

随着就业竞争愈演愈烈，就业已经成为每个毕业生的一场战役。从知识和能力的修炼，到求职材料的细心准备，再到笔试面试前的摩拳擦掌，等等，每个环节都决定着这场求职战役的胜败。"知己知彼，百战不殆"。我们要面对这场战役，就要了解整个过程。

职 业 故 事

　　某艺术学校针对现在学生越来越多地想参加事业单位招聘的现象，特意组织了一次用人单位与学生"面对面"的活动，希望能通过此次活动，让学生能更好地了解单位的招聘程序，解决大家的普遍性问题。在这次活动中，很多同学都提出了自己的问题。

　　学生A：我是音乐教育专业，属于师范类，想问一下，这次共有多少教师岗位？都是正式编制吗？

　　学生B：一些招聘单位标明"全额"、"差额"，请问二者有什么区别？

　　学生C：我一个人可以报两个岗位吗？

　　学生D：能不能给我们简要说明一下报名的程序？

　　学生E：单位在验证我们资质时，我们需要提供什么材料？

　　学生F：这次考试和面试的时间是什么时候？

　　用人单位的工作人员针对学生们提出的问题，都做出了详细的解释。学生们也觉得受益匪浅。这种直接的沟通，能够让学生在最短的时间内解决疑惑，更大范围地了解单位的招聘程序，对今后求职的成功有了更多的把握。

透 过 现 象

近年来，随着就业压力的增大，对招聘程序的负面报道给毕业生传递了不良的信息，使他们对本来就不了解的领域变得更加担忧。特别是想求职于事业单位的毕业生，受到负面报道的影响，加之不了解具体程序，主动放弃了参与的机会。毕业生只有通过参与，才能更为真切地感受"公平、公开、公正"的原则，了解单位的招聘程序。

专 家 评 述

一、单位招聘程序

大学毕业生要想有效地求职，必须尽可能地按照用人单位的招聘程序去求职。了解用人单位的招聘方式和招聘途径，选择适当的求职策略和方法。从招聘流程可以看出单位招聘用人的主要程序如下。

（1）制订用人计划：单位根据岗位需求提出用人计划要求（岗位、人数、条件）。一般情况下国家行政机关、事业单位如在单位编制未满时，于每年的11月向人事厅行政事业处上报来年用人计划，人事厅在当年的2、3月批准用人指标。企业提出用人要求，一般按照当地社会标准、待业标准、企业标准来定义所需人员。

（2）发布需求信息：主要渠道有国家行政机关（公务员）由人事厅统一发布信息、组织考试招聘；事业单位除特殊行业专业外如艺术类，也由人事厅统一发布信息，组织笔试，按人员5:1规定要求进入面试。企业单位有用人自主权，通常在集中用人期，通过广告方式自行组织招聘活动；在个别用人期，通过代理机构或合作伙伴推荐粗选；在聘任重要岗位时，还可能委托猎头公司等中介机构粗选。转包岗位的事业单位除外，如文管系学生某次到北京实习就是通过中介机构得到的用人信息。

（3）案审：用人单位一般要求应聘者提供履历表、自荐书、学历证明、资历证明等材料，根据材料进行第一轮筛选。案审是应聘者与招聘者的第一次"见面"机会，所以应聘者应重视履历表、自荐书、学历证明、资历证明等材料的编写与文本设计。

（4）面试：单位邀请入围者参加面试，根据入围者人数和岗位重要程度分配面试时间。一般岗位由人力资源管理部门和岗位所在部门领导主持面审，重要岗位有时需要总裁面试。有时，企业会安排多次面试，主审人员的级别越来越高。

面试是当今社会求职过程中的一个必经环节，也是用人单位招聘时最重要的一种考核方式。由于面试具有较大的灵活性和综合性，它不仅能考核一个人的业务水平，而且可以面对面观察求职者的口才和应变能力等，所以许多用人单位对这种方式更感兴趣。面试在招聘中的作用已越来越重要。

对于求职者来讲，面试是就业成功的一个重要环节，是展现自我素质和能力的一次难得的良机，是进一步了解用人单位的一个沟通平台，也是职业生涯发展中的一个重要台阶，面试的结果将决定你是否能进入下一轮选拔或被当场录用。因此，求职者要学会面试，要认真对待面试，在面试前要充分做好各项准备工作。

（5）笔试：多数情况下，单位还要进行书面测试。

（6）试用：一般情况下，单位都要安排一定长度的试用期，行政机关、事业单位为一年；企业试用期（2~3个月）。

（7）签约：经过考核，单位与试用合格的员工签订劳动合同。

二、单位招聘的主要途径与大学生相应的求职方法

人们习惯把求职就业称为"找工作"。而在事实上，"找"不是主流，绝大多数人是在单位招聘时去应聘。这就需要了解用人单位自行组织招聘活动的主要途径和方式，从而也明确一些相应的求职方法。

（1）通过网络发布消息招聘毕业生。网络招聘以其便捷性、广泛性以及成本上的

优势，成为一般用人单位首选的招聘方式。采用这种方式应聘的毕业生也很普遍。

（2）通过参加由学校每年举办的毕业生供需见面招聘会、各种综合和专场招聘会招聘毕业生。在针对大学生这个招聘群时，用人单位更倾向于直接到学校去举办招聘会，而不是通过中介机构举办的人才市场或其他推荐方式。大学生在选择招聘会时，应该多把握学校这个"主场"。

（3）通过各级政府人事部门、劳动部门及教育部门主管的人才交流机构举办的人才交流会招聘毕业生。这种社会招聘会的方式以其成本较低，很直观，买票就进，没有过多的限制等优点，一直受到用人单位和毕业生的欢迎。但社会招聘会存在着参会的单位事先信息不对称，很盲目，到了招聘会之后发现大而杂，洽谈的气氛也很差，规模越大，双方的沟通、交流、互相了解的过程越来越不理想等弊端。

（4）通过报纸杂志、电视广告等媒体发布招聘信息招聘毕业生。

（5）与高校联合办班采用订单培养模式招聘毕业生。

（6）通过个人推荐等其他方式招聘毕业生。

三、应对笔试

笔试一般以考查应试者的专业知识水平、外语水平和写作能力为主要内容。专业知识水平的考试主要考查应试者对一般性概念与理论的掌握程度和应用这些理论分析问题解决问题的能力，比如公检法系统的司法考试等；笔试中的外语水平考试主要考查应试者对相关领域专业词汇的掌握和理解程度以及阅读和翻译的能力，比如外资企业的笔译考试、写作能力考试主要考查应试者对给定资料的阅读理解能力和文字表达水平；又如国家工作人员和公务员考试中 A 类职位的考试等。

大学生的专业知识水平、外语水平和写作能力可以从简历和成绩单上了解到，所以一般用人单位往往跳过笔试直接进行面试。但大学生如果有意谋求上述需要参加笔试的工作职位，应提前做好准备，注意以下几点：

（1）复习知识。一般说来笔试都有大体的范围，可围绕这个范围翻阅一些有关图书资料，复习巩固所学过的课程内容，温故知新，做到心中有底。还可参加培训班学习。

（2）增强信心。临考前，要适当减轻思想负担，增强信心；要保证充足的睡眠，适当参加一些文体活动，从而使高度紧张的大脑得到放松休息，以充沛的精神去参加考试。

（3）临场准备。应提前熟悉考场环境，了解注意事项，尽量按要求做好。除携带必备的证件外，一些考试必备的文具（钢笔、橡皮等）也要准备齐全。

（4）科学答卷。拿到试卷后，首先应通览一遍，根据先易后难的原则排出答题的顺序。遇到较大的综合题或论述题，应先列出提纲，再逐条论述。在答完试卷后，要进行一次全面复查，特别注意不要漏题、跑题。要纠正错别字、语法不通、词不达意等错误。

值得特别注意的是，卷面必须做到字迹端正、卷面整洁。因为招聘单位往往从卷面上联想应聘者的思想、品质和作风等。字迹潦草、卷面不整的人，招聘单位先不看你答的内容，单从你的卷面就觉得你不可靠；而那些字迹端正，答题一丝不苟的人，招聘单位认为你态度认真，作风细致，对你更加青睐。

四、应对面试

面试是通过当面交谈问答对应聘者进行考核的一种方式。由于面试与笔试相比，面试具有更大的灵活性和综合性，它不仅能考查一个人的业务水平，也可以面对面观察面试者的口才和应变能力等，所以许多用人单位对这种方式更加重视。面试技巧能帮助应聘者少走弯路，更好地展现自己的优势以便更顺利地找到适合自己的工作。因此学会面试，掌握面试的技巧是大学毕业生求职择业时面临的新课题。

在进入面试考场之前，要准备相应的简历及准备相关资料等，这是面试的第一步，即面试的准备阶段；接着进入面试考场，这是一个要求极其严格的环节，考官能从这个环节看出面试者的真正水平以及是否适合该职位，从而决定是否录用，它是面试的主体部分，即面试进行中阶段；在走出面试考场后，要反复回顾自己在这次面试中所出现的问题，进行总结并调整自己的心态，即面试的后续阶段。由此，可以按照三个阶段进行的时间顺序把面试分为准备阶段、面试进行阶段和面试的后续阶段三个部分。

（一）面试准备阶段的技巧

1. 了解单位的需求

充分了解应聘单位的性质、地址、业务范围、经营业绩、发展前景等，对应聘岗位职责及所需的专业知识和技能等要有一个全面的了解，同时还应该通过熟人、朋友或有关部门了解即将对你进行面试考官的有关情况以及面试的方式、过程和时间安排，索取可能提供给你的相关资料，可根据这些资料联想一些考官会问到的问题，这样有利于自己在进入面试考场时能够有方向地回答问题，也可以有针对性地展示自己的能力。

2. 仪表端庄

衣着仪表是一个人内在素养的外在表现，得体的打扮不仅体现求职者朝气蓬勃的精神面貌，也可以表示求职者的诚意以及一个人的修养。仪表往往左右着招聘者的第一印象。因此，面试前应注意自己的着装打扮。衣着不整、蓬头垢面，会被认为是邋遢窝囊；过于超前的服装，也会被认为不可信赖。大学毕业生在求职面试过程中应给人以整洁、大方、朝气蓬勃的感觉。应该说，大多数用人单位还是喜欢朴素端庄的毕业生。

3. 自我介绍

面试前一般要准备一个简短的自我介绍，包括自己的长处、特点、具备了什么样的专业知识、专业技能和胜任应聘岗位的能力等。这就需要大学生在求职前对自己有一个清醒的认识，确定与自己的个性、兴趣相符的工作环境，熟悉与应聘岗位相关的专业知识和技能。这样才能对应聘的岗位有的放矢，避免盲目应聘。

4. 必备资料

　　面试前要准备自荐书一份，考官通常都会就申请表上的资料发问，自荐书不但可以准确地回答一些问题，也能避免使自己忘了所填报的资料而陷入尴尬；要准备写过的文章、报告、计划书以及获得的各种奖励证书复印件或原件等；还要携带相关证件，以备招聘单位查阅。用一个文件袋把所有资料准备好，并排列整齐，以免面试中需要时到处乱翻给考官留下坏印象。

　　(二) 面试进行阶段技巧

　　1. 注意礼仪

　　(1) 提前 5~10 分钟到达面试地点，以表示求职者的诚意，给对方以信任感，同时也可调整自己的心态，做一些简单的仪表准备，以免仓促上阵，手忙脚乱。为了做到这一点，一定要牢记面试的时间地点，有条件的最好能提前去考察一下，这样可以观察熟悉环境，也便于掌握路途往返时间，以免因一时找不到地方或途中延误而迟到。如果迟到了，肯定会给招聘者留下不好的印象，甚至会丧失面试的机会。

　　(2) 进入面试场合时，如门关着，应先敲门，得到允许后再进去。开关门动作要轻，以从容、自然为好。见面时，要向招聘者主动打招呼问好致意，称呼应当得体。在主考官没有请面试者坐下时，切勿急于落座。同意落座后，要说"谢谢"。坐下后保持良好的体态，切忌大大咧咧、左顾右盼、满不在乎，以免引起考官反感。

　　(3) 在整个面试过程中，要保持举止文雅大方，谈吐谦虚谨慎，态度积极热情。如果主考官有两位以上时，回答谁的问题，目光就应注视着谁，并应适时地环顾其他主考官以表示自己对他们的尊重。谈话时，眼睛要适时地注意对方，不要东张西望，显得漫不经心，也不要眼皮下垂，显得缺乏自信。激动地与主考官争辩某个问题也是不明智的举动。有的主考官专门提一些无理的问题试探耐性，如果"一触即发"，乱了方寸，面试的效果显然不会理想。

　　(4) 面带微笑，脸上带着愉快轻松和真诚的微笑会使你处处受欢迎，因为微笑会显得和和气气，而每个人都乐于与和气、快乐的人一起共事。应该表现出自己的热情，但不要表现得太过分。

　　2. 消除紧张

　　(1) 面试过程中注意控制谈话节奏。进入考场后，如果感到紧张就先不要急于讲话，而应集中精力听完提问，再从容应答。一般来说人们精神紧张的时候讲话速度会不自觉地加快，讲话速度过快既不利于对方听清讲话内容，又会给人一种慌张的感觉。讲话速度过快往往容易出错，甚至张口结舌，进而强化了自己的紧张情绪，导致思维混乱。当然，讲话速度过慢，缺乏激情，气氛沉闷，也会使人生厌。为了避免这一点，一般开始谈话时可以有意识地放慢讲话速度，等自己进入状态后再适当增加语气和语速。这样，既可以稳定自己的紧张情绪，又可以扭转面试的沉闷气氛。

　　(2) 回答问题时，目光可以对准提问者的额头。有的人在回答问题时眼睛不知道往哪儿看。魂不守舍、目光不定的人，使人感到不诚实；眼睛下垂的人，给人一种缺乏自信的印象；两眼直盯着提问者，会被误解为向他挑战，给人以桀骜不驯的感觉。如果面试时把目光集中在对方的额头上，既可以给对方以诚恳、自信的印象，也可以鼓起自己的勇气、消除自己的紧张情绪。

3. 语言技巧

（1）口齿清晰，语言流利，文雅大方。交谈时要注意发音准确，吐字清晰。还要注意控制说话的速度，以免磕磕绊绊，影响语言的流畅。为了增添语言的魅力，应注意修辞美妙，忌用口头禅，更不能有不文明的语言。

（2）语气平和，语调恰当，音量适中。面试时要注意语言、语调、语气的正确运用。语气是指说话的口气；语调则是指语音的高低轻重配置。打招呼问候时宜用上语调，加重语气并带拖音，以引起对方的注意。自我介绍时，最好多用平缓的陈述语气，不宜使用感叹语气或祈使句。声音过大令人厌烦，声音过小则难以听清。音量的大小要根据面试现场情况而定。两人面谈且距离较近时声音不宜过大，群体面试而且场地开阔时声音不宜过小，以每个主考官都能听清你的讲话为原则。

（3）语言要含蓄、机智、幽默。说话时除了表达清晰以外，适当的时候可以插进幽默的语言，使双方谈话增加轻松愉快的气氛，也会展示自己的优雅气质和从容风度。尤其是当遇到难以回答的问题时，机智幽默的语言会显示自己的聪明智慧，有助于化险为夷，并给人以良好的印象。

4. 回答问题的技巧

（1）把握重点、简洁明了、条理清楚、有理有据。一般情况回答问题要结论在先，议论在后，先将自己的中心意思表达清晰，然后再做叙述和论证。否则，长篇大论，会让人不得要领，面试时间有限，神经有些紧张，多余的话太多，容易走题，进而会将主题冲淡或漏掉。

（2）主考官提问总是想了解一些应试者的具体情况，切不可简单地仅以"是"、"否"作答。针对所提问题的不同，有的需要解释原因，有的需要说明程度。不讲原委、过于抽象的回答，往往不会给主试者留下具体的印象。

（3）面试中，如果对主考官提出的问题，一时摸不到边际，以致不知从何答起或难以理解对方问题的含义时，可将问题复述一遍，并先谈自己对这一问题的理解，请教对方以确认内容。对不太明确的问题，一定要搞清楚。这样才会有的放矢，不至于所答非所问。

（4）主考官每年要接待应试者若干名，相同的问题要问若干遍，类似的回答也要听若干遍。因此，主考官会有乏味、枯燥之感。只有具有独到的个人见解和个人特色及创新思想的回答，才会引起对方的兴趣和注意。

（5）面试遇到自己不知、不懂、不会的问题时，一定不要默不作声、牵强附会或是不懂装懂，诚恳坦率地承认自己的不足之处，反倒会赢得主试者的信任和好感。

5. 手势运用的技巧

（1）表示关注的手势。在与他人交谈时，一定要对对方的谈话表示关注，要表示出你在聚精会神地听。对方在感到自己的谈话被人关注和理解后，才能愉快专心地听取你的谈话，并对你产生好感。一般表示关注的手势是：双手交叉，身体前倾。

（2）表示开放的手势。这种手势表示你愿意与听者接近并建立联系。它使人感到你的热情与自信，并让人觉得你对所谈问题已是胸有成竹。这种手势的做法是：手心向上，两手向前伸出，手要与腹部等高。

（3）表示有把握的手势。如果你想表现出对所述主题的把握，可先将一只手伸向前，掌心向下，然后从左向右做一个大的环绕动作，就好像用手覆盖着所要表达的主题。

（4）表示强调的手势。如果要吸引听者的注意或强调很重要的一点，可把食指和大拇指捏在一起，以示强调。

6. 随机应变

在面试考场上，经常会出现一些出乎意料的情况。例如，问了一些自己没有准备的问题或很离奇的问题等，千万不要乱了阵脚，要从容地处理这些问题。主考官往往询问求职者的有关情况作为面试的切入点。这个问题看似简单，其实往往不是所有的人都能应对自如的。有时难免会在主试者出人意料的询问下手足无措、张口结舌。为了检验考生的实际工作能力，面试中往往设置"情景"试题，以测试考生的个性特征，办事效率和应变能力。有的时候主考官的问题看似简单，其实并非表面含义，而是另有用意，所以一定要有随机应变能力。

7. 适时告辞

面试不是闲聊，也不是谈判，是陌生人之间的一种沟通。谈话时间长短要因面试内容而定。招聘者认为该结束面试时，往往会说一些暗示的话语，如："很感谢你对我们公司这项工作的关注"或"感谢你对我们招聘工作的关心"，"我们做出决定一定会通知你"等。求职者在听到诸如此类的暗示之后，就应该主动告辞，告辞时应该感谢对方肯花费时间在自己身上。

（三）面试的后续阶段

（1）礼貌致谢。面试结束后，在接到正式面试结果通知以前，应向某一具体负责人打电话或写信，感谢他为你所花费的时间和精力，感谢为你提供面试机会，同时表示对应聘岗位的极大兴趣，希望早日能听到对方的回音，能为贵单位的发展做出具体的贡献。这样做，不仅仅是出于礼貌，也是为自己再争取机会，也许你的一封信或是一个电话会给你带来意想不到的结果。

（2）及时总结。要明白被用人单位拒绝也是一种经验。面试结束后，应该及时地对本次面试进行回顾和总结，尽量回顾面试的过程和细节，找出失误的地方，对面试中遇到的难题重新考虑一下，如果下一次遇到，该如何更好地回答。万一通知落选，也不要灰心，要虚心地向招聘者请教有哪些欠缺。这样就可以知道自己到底为什么落选，以便在今后改进，为下一次做更好的准备。

———————————— ❋ 延 伸 阅 读 ❋ ————————————

大学生在求职过程中所遇到的法律问题。

案例一：

刘莉是一名应届艺术类高职毕业生，找工作时面临这样一个问题：很多单位都会让她提供身份证、学生证、职业技能鉴定证、计算机证以及各种荣誉证书的复印件。但是，很多时候他们要了后以种种理由没有让她在单位工作，当刘莉找到单位，向他们索要这些复印资料时，工作人员却说恕不退还。刘莉担心的是，这些复印件会不会给自己带来什么不良的后果，会不会出现什么意想不到的事情？

律师解答：

他人拿着你的复印件是不能代替你本人做出法律行为的，除非有本人的授权，所以无需过于担心。如果学生担心此类现象引起不良后果，可以在复印件的图片上加上自己的水印，或者写一段文字进行声明。

案例二：

某艺术高职院校舞蹈系毕业生王宇找到一份比较满意的工作，用人单位在他入职之前日要求他之先试用两个月，但是没有任何书面约定，王宁这时候觉得很迷茫，不知道该不该提出来自己的疑惑。不提，怕自己的利益受损；提了，怕单位觉得自己太过于较真或者不入流，对他产生不好的印象。

律师解答：

从法律上讲，任何用人单位要求劳动者为其付出劳动（确立劳动关系），都必须签订正式的劳动合同，否则是违法行为，会被劳动监察部门罚款。

当然，遇到这样的事情时，用人单位让我们付出劳动，它们支付劳动报酬，在法律上我们称为事实劳动关系，也就不存在试用的问题。事实劳动关系如果要辞退，必须同样按照解除劳动合同的程序去进行。在这里有个特殊，就是如果员工拒绝辞退，用人单位必须与劳动者签订劳动合同，如果签订劳动合同的服务期限不能协商一致，那么法律规定是一年。

案例三：

空乘专业学生张静在入职之后，回到学校与就业指导中心的老师说到了自己最近遇到的麻烦事儿。她说："我在和单位签订的合同中规定，在公司的服务期五年，但是合同中没有说违约金的问题，只是简单地说如果劳动者毕业之后不满五年离开单位，劳动者需要赔偿工资及其他费用总数的300%，这个协议合不合法？"

律师解答：

显然不合法，在劳动合同中是不能约定惩罚性赔偿金的，而赔偿金必须以实际损失为准。

对于用人单位出资培训等，在服务期协议中有两项约定会体现，一个是对违约金的约定，一个是赔偿损失的约定。违约金是指劳动者不能履行约定回去上班，所要承担的违约金，而这个违约金没有损失产生也要承担；关于单位向劳动者支付的各种培训和学习的费用，如果用人单位将培训等费用计算在违约金之中，那么劳动者无需支付。如果在关于违约金的内容里没有体现，而是将损失单列出来作为赔偿损失的约定，则需要支付损失。

第四章

调整心态　面对挑战

千磨万击还坚韧，任尔东西南北风。

——郑板桥

不是一番寒彻骨，怎得梅花扑鼻香?

——明·冯梦龙《醒世恒言》

天将降大任于斯人也，必先苦其心志，劳其筋骨，饿其体肤，空乏其身，行拂乱其所为，所以动心忍性，增益其所不能。

——《孟子·告子下》

我觉得坦途在前，人又何必因为一点小障碍而不走路呢?

——鲁　迅

卓越的人一大优点是：在不利与艰难的遭遇里百折不挠。

——贝多芬

千百年来，这些名句鼓励着困境中的人们走出人生的低谷，面对各种挑战。人生要经历许多十字路口，每一个路口都有机遇或挑战，当然还有失败或陷阱。我们该以怎样的心态来面对这些? 其实，挑战无处不在，失败不可避免，我们所要做的不是逃避，而是建立自己强大的内心，坦然面对挑战，沉着应对挫折，在前进的道路上越战越勇，寻找属于自己的那一片天空。

对于大学生来说，大学是美好的时代，是无忧无虑、充满理想的时代，但在即将踏入社会时，他们突然发现理想与现实的差距是如此巨大，自己面临的挑战和压力更是前所未有。尤其是高职高专毕业生，在整个大学生就业大潮中，首先就遭遇了学历低的瓶颈，这些人无疑已经成为"高压人群"，这些压力甚至已经超出某些同学的承受能力，随之而来的可能就是一系列心理问题的产生。

　　这些心理问题有可能发生在每位同学身上，艺术生也不例外，我们要学会调整自己的心态，积极自信地迎接就业带给我们的压力，本章着重介绍调整心理状态的方法，帮助大家在遇到困难和压力时能有效地缓解自己的心理，以最好的状态迎接挑战。

第一节　求职期间常见的心理状态

　　求职择业是一个选择和决策的过程，会带给我们各种各样的压力。有压力，可能就会产生各种心理问题。同时，我们在择业过程中的一些不合理的认知方式及错误的观念，也加重了我们的心理困惑。要解决这些，首先需要对心理问题有正确的认知，以做好应对的准备。

职 业 故 事

　　晓莉，女，21岁，某大学音乐表演专业学生，她性格腼腆，在校期间各方面表现中规中矩，转眼到了毕业的时候，身边的同学陆陆续续都开始找工作了，小莉不由得也着急起来。一批一批的招聘单位走马灯似地来到学校，可小莉哪个单位的面试都没有参加，每次都只是远远地看着。有一天，老师找到了小莉，询问她对于自己未来的打算，刚说没两句，她竟然哭了起来。原来，小莉非常想尽快找到一个好工作，可是每当有面试单位招聘的时候，她却打了退堂鼓。她总是觉得自己专业一般，长相也没有那么出众，其他同学表现的都那么优秀，最关键的是总怕自己发挥不好，万一失败了怎么办，以至于自己连报名的勇气都没有，可不报名就是又一次的错过机会，心里更加焦虑。周而复始，恶性循环，甚至已经患上了失眠，整个人几近崩溃。

　　看到这种情况，老师明白，小莉一方面对于自己不够自信，缺乏正确的认识，另一方面，对于择业看得太重，给了自己太大的压力，以至于压得自己都不敢去尝试。老师让小莉对自己三年的生活做了一个回顾，并与其他同学进行了对比，指出了她的很多优点，比如专业非常优秀、学习工作都非常认真踏实、待人非常诚恳等，这些都是用人单位非常青睐的；缺点就是对自己缺乏信心，害怕挫折，不敢面对竞争。听完这些分析，小莉似懂非懂地点了点头。

　　转眼，又有一个单位来招聘工会人员，老师亲自带着小莉去面试，帮助她提前准备，鼓励她好好发挥。虽然，小莉还是由于紧张没有发挥好，但是面试结束后，小莉却非常兴奋，甚至掉下了眼泪。她说，虽然没有发挥好，但是我已经敢于应聘了，原来面试并没有那么可怕，失败更不可怕，有了这次经验，我一定能在后面的应聘中好好发挥，争取找到一个满意的工作。

就 事 论 事

　　小莉的情况，集中反映了许多学生在求职择业过程中的众多问题，对自己缺乏客观的认识，缺乏自信心，害怕挫折，不敢竞争等。这些心理因素无疑给原本就严峻的就业形势增加了更多的负担。如何能够轻装上阵，不盲目乐观，也不能失去斗志，将是我们在这一章要阐述的内容。

—————————| 专 家 评 述 |—————————

一、毕业生常见心理问题

（一）急于求成，过分焦虑

就业是大学生走向社会的第一步，是人生的一次重大转折。严峻的就业形势和纷繁的社会环境让刚刚走出校门的大学生们感到无所适从，而且在择业过程中的种种不确定性也让他们产生很大的心理压力，所以很多大学生都希望尽快落实就业单位，先在社会大潮中找到自己的立足点。

而这一心态导致的结果就是一旦有单位来面试，就迫不及待地要跟对方签约。在这种冲动下，从工作性质到待遇等问题往往不能全面考虑，有可能做出盲目的决定，而做出错误的选择。

（二）贪图安逸，得过且过

有一些大学生在就业过程中缺乏主动参与和竞争的意识，缺乏紧迫感，怀着"车到山前必有路"的心态，满足于校园的安逸生活，对他人的奔走找工作不屑，得过且过。对自己的未来缺乏规划，总觉得迟早会找到工作，同时也对学校或家庭充满了依赖，认为别人能帮自己找到工作。

这类学生往往由于漫不经心，不能及时抓住机会展示自我、推销自我，等到毕业离校的时候才发现，大家都已经走入了自己的工作岗位，而自己却真的是"毕业即失业"。

（三）瞻前顾后，犹豫不决

随着毕业的到来，各家单位都会来学校组织招聘，也会给出各种各样的待遇和条件，而每家的条件也不是十全十美，在众多的选择中，有些同学挑花了眼。一方面，怕自己的选择会出现错误，另一方面，又想要满足自己各方面的需要，思前想后，不能决断。"鱼和熊掌，不能兼得"，机会不等人，就在他瞻前顾后的过程中，错过了一些很好的机遇。

（四）自视甚高，过于自信

20世纪80年代的大学生被称为"天之骄子"，虽然随着时代的变迁，大学生越来越普遍，但这个身份始终还保留着特有的魅力。有些学生深受此影响，认为自己的身份高贵，过高的估计自己的实际水平和工作能力，在择业过程中对就业形势和用人单位了解不够，完全按照一厢情愿地谋求高薪高酬职位，对工作单位挑肥拣瘦，期望值过高。结果，给用人单位造成的印象就是该生自命不凡、眼高手低，这样的学生往往脱离实际，非常不受用人单位的欢迎。

艺术类学生，有一部分自小学习艺术，有非常高的专业水平，仅由于高考时文化分数较低才来到高职院校。这些学生一方面专业技能非常好，而另一方面碍于学历，不能进入更好的单位，可能会出现较大的心理落差。

（五）随波逐流，盲目从众

面对就业，有些同学对自己和市场需求都没有做认真的调查和分析，而是跟随大多数同学，别人去面试，我也去；别人签约了，我也签。在这个过程中，丝毫没有自己的主见，只是随波逐流。

法国科学家让亨利·法布尔曾经做过一个松毛虫实验。他把若干松毛虫放在一只花盆的边缘，使其首尾相接成一圈，在花盆的不远处，又撒了一些松毛虫喜欢吃的松叶，松毛虫开始一个跟一个绕着花盆一圈又一圈地走。这一走就是七天七夜，饥饿劳累的松毛虫尽数死去。而可悲的是，只要其中任何一只稍微改变路线就能吃到嘴边的松叶。这就是心理学中的"从众效应"。这种心态常常会导致这些学生所作出的选择与自己的实际情况或预期并不相符。要知道，适合别人的工作并不一定适合你。

（六）自怨自艾，受挫自卑

某些大学生由于生活经历还比较少，没有或较少经受过挫折，心理承受能力和自我调节能力比较差。一旦在就业过程中经历失败，就会感到悲观和失望，认为自己真的不行，不能进行客观分析，从而失去了信心，不想甚至不敢继续参加面试。由此，形成恶性循环，越没有信心，表现就越差，应聘失败的几率就越大，对自己的表现也就越不满意，以至于最后对自己、对未来失去信心。其实，"人生不如意之事十之八九"，每个人在生活中都会有成功和失败，在择业的过程中，也不可能一帆风顺，一次就能成功。

（七）先天不足，妄自菲薄

高职高专学生从学历上来说，是整个大学生就业队伍中的最底层，可以说在市场竞争上先天不足，部分同学也自认命薄，无力与那些本科生甚至研究生相比，在择业过程中一直处于被动状态，不敢甚至都没有想过去试一试，认为自己就该找一些三流的工作。虽然有些单位也标明了招收专科生，但看到有本科生前去面试，自己就悄悄地走开了，总觉得自己低人一等，根本就无法与之竞争。

这些同学往往最后都只能找到一份非常不起眼的工作，很可能这个工作根本就无法施展才能，可正是这种觉得己不如人的心理，无法正视自己的特长和优势，只能淹没在茫茫的人海之中。

以上形形色色的心理问题都表明了现在大学生在求职过程中，均有不成熟的一面，无疑给自己原本艰难的求职路上又加了一些负担，如何解决这些问题，成为了对学生最好的就业指导。

二、心理问题的解决方法

没有一颗强大的内心，就很难应对就业过程中面临的种种问题，所以解决这些问题的办法就是要加强我们的心理素质。

在 21 世纪的今天，个人的心理素质显得越来越重要，它往往会影响或决定一个人的发展。尤其在大学生就业过程中，心理素质发挥着至关重要的作用。如何才能具有良好的心理素质呢？我们可以通过以下一些途径来完成：

（一）培养良好情绪，保持健康心态

树立正确的人生观和价值观，积极地面对生活，积善行，思利他；保持健康的生活习惯，不断学习，保持自信的心态；懂得珍惜身边的人和事，知足常乐，不要给自己施加过大的压力。

（1）良好的情绪。情绪，是人各种的感觉、思想和行为的一种综合的心理和生理状态，是对外界刺激所产生的心理反应以及附带的生理反应，如：喜、怒、哀、乐等。情绪不仅是个人的主观体验和感受，同时情绪也可以反向影响我们的状态。愉快的情绪让人精神抖擞，感知敏锐，思维活跃，待人宽容；而不愉快的情绪让人萎靡不振，感知和思维麻木，多疑，看到的、听到的全都是不如意、不顺心的事物。

医学心理学家用狗作嫉妒情绪实验：把一只饥饿的狗关在一个铁笼子里，让笼子外面另一只狗当着它的面吃肉骨头，笼内的狗在急躁、气愤和嫉妒的负性情绪状态下，产生了神经症性的病态反应。实验告诉我们：恐惧、焦虑、抑郁、嫉妒、敌意、冲动等负性情绪，是一种破坏性的情感，长期被这些情绪困扰就会导致身心疾病的发生。一旦我们的身心发生疾病，又如何能投入紧张的求职工作中去呢？

所以，保持良好的情绪才能让我们的身心处于最佳的状态，多想想生活的美好和求职过程中所获得的经验和帮助，为自己增加自信，以饱满的热情面对每一次新的挑战。

（2）健康的心态。现代社会越来越注重心理健康，它和身体健康是并驾齐驱的，只有拥有健康的心理状态，才能适应这纷繁复杂的社会，才能做出正确的抉择，才能获得个人的长足发展。

我国学者王登峰等提出了有关心理健康的几条指标：了解自我、悦纳自我；接受他人，善与人处；热爱生活，乐于工作和学习；能够面对现实、接受现实，并能够主动地去适应现实，进一步地改造现实，而不是逃避现实；能协调与控制情绪，心境良好；人格和谐完整；智力正常；心理行为符合年龄特征。

可以说，心理健康是一切成功的基础。对于大学生来说，拥有一份健康的心理更是非常必要的。人生难免会遇到困惑和挫折，健康的心态可以帮助我们化解短时的困惑，比如择业的困扰，最关键的它是大学生顺利成长的必胜法宝。

（二）加强自我锻炼，掌握放松方法

在求职过程中，我们不免会遇到紧张、焦虑甚至自我挫败等负性情绪，该如何去调节这些负性情绪，将它们的危害降到最低呢？比如：参加一些有意义的娱乐活动，换换环境、放松一下；向亲人和朋友倾诉，合理宣泄，听取他们的建议；进行积极的自我暗示，进行自我激励；学习一些其他人的成功经历，学习经验，也激励自己。

下面教给大家一些用于放松的小方法。

这是一种深度肌肉放松。通过收缩特定的肌肉群，最终达到放松的目的。对于每一组肌肉群都介绍了不同的收缩、放松方法。先摆出放松的姿势（眼睛合拢，坐在椅子上或躺在床上，保持平静、积极的心态），然后开始。现在将下面的动作每个做两遍（见表 4-1）。

表 4-1

肌　肉	收缩方法
前额	皱起前额，尽量让眉毛与发际接近，坚持 5 秒钟。放松
眼睛和鼻子	尽力紧闭双眼 5 秒钟。放松
嘴唇，脸颊，下巴	撅起嘴来扮鬼脸 5 秒钟。放松，感到脸部变热，变镇定
手	向前伸展双臂，紧握拳 5 秒钟。放松，感觉手部变暖，变镇定
前臂	伸展双臂做抵墙动作，手掌用力支撑 5 秒钟。放松
上臂	屈肘，收缩二头肌 5 秒钟。放松，感觉前臂不再紧张
肩膀	肩部向耳部耸起 5 秒钟。放松
背部	向后拱背，背部抬离地面 5 秒钟。放松，感觉焦虑和紧张消失
腹部	收缩腹部肌肉 5 秒钟。放松
臀部和髋部	收紧臀部和髋部肌肉 5 秒钟。放松
大腿	两腿尽力往一起夹紧，收紧大腿肌肉 5 秒钟。放松
脚	踝部尽力上提 5 秒钟。放松
脚趾	脚趾尽力向下弯曲 5 秒钟。放松

（三）增强意志品质，勇于克服困难

良好的意志品质是一个人成功的必要条件，在就业这条长征路上，谁具备坚强的意志品质谁就能笑到最后。在求职过程中，不论是在主观还是在客观上都会遇到各种意想不到的矛盾和困难，难免出现消极情绪。我们要学会在困难中，清楚地认识自己的最终目的，正确地认识自己的处境，努力寻找解决问题的办法，正确支配和控制自己的行为和情绪，不断积累，最终找到适合自己的工作。

三、正确面对挫折　学会心理调适

挫折在人们的生活中是必不可少的，没有人的一生能够一帆风顺。尤其是在择业过程中，面试失败等挫折可以说是必经的道路。既然这些挫折不可避免，我们又该如何对待呢？

（一）培养乐观的人生态度

积极乐观的人生态度是健康人格的特征之一。即能看到生活中积极面和光明面，对生活和事业充满希望，对自己充满信心。

根据心理学家的统计，每个人每天大约会产生 5 万个想法。如果你拥有积极的态度，那么你就能乐观地、富有创造力地把这5万个想法转换成正面的能源和动力；如果你的态度是消极的，你就会显得悲观、软弱、缺乏安全感，同时也会把这5万个想法变成负面的障碍和阻力。

消极的人允许或期望环境控制自己，喜欢一切听别人安排，但在这种情况下，他不可能拥有控制自己命运的能力，也无法避免失败；相反，积极的人总是以不屈不挠、坚忍不拔的精神面对困难，他的成功指日可待。积极的人总是用乐观的精神和辉煌的经验去支持自己的人生；消极者则刚好相反，他们的人生总是处在过去的种种失败与困惑的阴影里。

积极的态度虽然并不能保证他每件事都心想事成，但会改变一个人的生活方式，增强幸福感。消极的态度却必败无疑。持有消极态度的人无法取得可持续的、真正的成功。

（二）建立合理的认知方式

著名心理学家艾利斯提出"ABC情绪理论"。他认为，人的情绪主要根源于自己的信念以及他对生活情境的评价。即事情的前因（Antecedent），透过当事者对该事情的评价与解释，以及对该事情的信念（Belief）这个桥梁，最终才决定产生什么样的结果（Consequence）。所以要想使事情往好的方面发展，一定要有个积极的态度或者说是情绪。

在现实生活中，有人会因为失败而跳楼，也有人会因为战胜失败而成就一番更大的事业；有人会因为对手强大而畏惧，也有人会因为挑战强者而使自己快速成长为巨人；有人会因为产品卖不出去而抱怨产品、抱怨公司、抱怨顾客，也有人因为产品卖不出去而创造出大受市场欢迎的新产品与新服务；有人会因为受不了上司的严厉而每每跳槽走人，也有人会因为"严师出高徒"而使自己胜任更加复杂的工作，最后不断晋升到高位。

所有的一切皆验证了艾利斯的理论，也正如叔本华所言："事物的本身并不影响人，人们只受对事物看法的影响。"很多时候，并不是对手战胜了我们，而是我们自己打败了自己。当紧张激烈的竞争到一定阶段，考验的不仅是技术和知识，更多的是平和的心态和积极思考的力量，因为只有这样，才能将你的优势充分发挥，至少也能发挥正常，那么留给对手的余地就很少了。所以，要想使事情往好的方面发展，一定要有积极的态度。

其实，人对事物的看法，并没有绝对的对错之分，但有积极与消极之分，而且每个人都必须为自己的看法承担最终的结果。消极思维者，对事物永远都会找到消极的解释，并且总能为自己找到抱怨的借口，最终得到不好的结果。接下来，不好的结果又会逆向强化他消极的情绪，从而使他成为更加消极的思维者。而积极思维者，对事物永远都能找到积极的解释，然后寻求积极的解决方法，最终得到较好的结果。接下来，较好的结果又会正向强化他积极的情绪，从而使他成为更加积极的思维者。

不断改善自己的认知行为方式，更多的用积极的方式来解释生活，面对人生！

（三）构建良好的社会支持系统

从社会心理刺激和个人心理健康之间关系的角度来看，社会支持是指一个人通过社会联系所获得的能减轻心理应激反应、缓解精神紧张状态、提高社会适应能力的影响。它是人与人之间的亲密关系，既涉及家庭内外的供养与维系，也涉及各种正式或非正式的支援与帮助。从社会支持来源角度来分，包括：家庭支持、朋友支持和其他支持。从社会支持维度来分，包括：认知支持、情感支持和行为支持。社会支持系统是我们每个人都需要的社会关系。它可以在我们成功的时候，分享我们的喜悦。最关键的是在我们困难的时候，它能给我们精神和行动上的支持，帮助我们分析问题、排解情绪，最后帮助我们走出困境，迎接胜利。特别是当我们遇到危难或无助时，一定会很自然地把最后的希望和期待全都寄托于这个系统。

社会支持系统不仅可以给我们心理支持和情绪疏导，同时也可以帮我们提供大量的信息和建议。比如说，在择业过程中，由于个人的知识和判断力不足，教师的必要指导就成了我们的点金石，能帮助我们在迷茫中指明一条道路；在信息搜集过程中，师兄师姐已经步入了工作岗位，能够将最新的就业信息提供给我们，同时他们的择业经验也成为我们最好的教材；父母永远都是我们最好的后盾，虽然随着时代的发展，我们的就业观念与父辈已经发生很大的改变，但他们的社会经验远比我们丰富，也能够看得更长远些，我们在面临重大决策时需要参考父辈的建议。

如何建立有效的社会支持系统呢？

（1）保持和维护现有的社会支持系统。即使再忙，也要保持联系，如：打电话、发信息。最好多抽时间聚会见面，保持彼此的了解和沟通。

（2）积极扩展社会支持系统。通过朋友间的关系，尽可能的结识不同行业不同领域不同背景的人。这样，不仅可以编织更广阔更具深度的人际关系网络，更能为自己提供更多的工作信息来源。

（3）尽量多结识和自己同层次或更高层次的人士。对于学生来说，可以更多地借鉴师兄师姐的经验和资源，因为他们是从就业的实战中真刀真枪的打拼出来的，他们有第一手的资料和经验，往往能起到事半功倍的效果。

（4）要在自己平常的"社会支持系统"中树立良好形象，经常给予朋友支持，所有的关系都建立在真诚和互帮互助的基础之上，一味地索取而不付出，只能使自己与朋友渐行渐远。

社会支持系统是一种"双赢"的社会网络，在这个网络中，彼此信任支持，共同成长进步。生活中我们不可能一个人单打独斗，我们需要别人的支持和帮助，我们需要这个强大的支持系统，所以先学习建立良好的人际关系，构建积极的社会支持系统，从中获得温暖、爱、归属和安全感，因为这是我们内心深处最需要的慰藉。不管遇到什么困难，你都能获得最有力的支持。

★ ★ 课 堂 练 习 ★ ★

测测你的社会支持系统：

1. 学校的老师和领导，你最喜欢谁？

2. 为商讨一新观念，你找谁？

3. 郊游消遣，谁可与你为伴？

4. 经济拮据时，你向谁开口？

5. 被困孤岛，你渴望谁在身边？

6. 倒在病床，你喜欢谁照顾？

7. 当你恋爱失败，你向谁倾诉？

8. 若你与家人吵架，你向谁倾诉？

9. 当你获得某项成功，你会与谁分享？

10. 若你考试成绩不理想，你去向谁说？

11. 当你在功课上有问题时，去向谁请教？

12. 当你面临选择，去向谁征求意见？

13. 如你长期外出，你的用品托谁照管？

14. 搬家时，你找谁帮忙？

15. 为完成一个重要使命，你找谁？

看看上面列出的问题中，你列出多少个人——

如果少于3人，你的社会支持系统很不完善。

如果3~5人，你的社会支持系统不太完善。

如果5~8人，你的社会支持系统比较完善。

如果8人以上，你的社会支持系统非常完善。

第二节　正确认识就业挑战

学者罗素曾说："选择职业是人生大事，因为职业决定了一个人的未来。选择职业，就是选择将来的自己。"

就业挑战是当前社会的常态，我们生活在一个充满机遇和挑战的时代。国际上，各个国家为了抢占发展的先机，都在拼命地争夺资源、科技信息和人才等。我国人多地少，有限的资源和发展空间，想要获得好的发展，必须面对激烈的竞争和挑战，如升学、择业等。

我们这些还未踏足社会的学生，该如何面对严峻的挑战，摆正自己的位置，客观的认识就业环境，并且克服在这个过程中出现的各种各样的困难，在竞争中脱颖而出，是我们下面将要阐述的内容。

职 业 故 事

小王，21 岁，某大学声乐表演专业学生。

小王由于高考分数较低，没能进入第一批大学，而是等补录的时候才有了机会。当他入学时，班干部的竞选已经结束，他小小的个子在班上也很不起眼，没有人觉得他有多特殊。

半年后，系内组建学生会，他毛遂自荐要当主席，并向辅导员陈述了自己在高中时期丰富的工作经验和大量的荣誉，同时他陈述了自己对于学生会建设的想法和建议，这让辅导员震惊了，决定给他一个机会。因此，一名大一的学生就当上了系学生会的副主席。

随着时间的推移，他不仅开展了大量的工作，而且在学生干部的使用上能够各尽所能，整个系学生会展现出了空前的团结和战斗力，这一切充分显示了他的领导才能和用人艺术。由于他各方面的突出表现，最终还获得了国家奖学金，并且顺利发展成为一名共产党员。

三年时间很快过去了，毕业时，他没有选择自己的声乐作为自己的工作方向，因为他知道专业院团的竞争非常激烈，工作机会相对较少。相反，他选择了管理工作，因为他知道，这是他的强项，而自己的文艺特长也能给这份工作增彩。

工作一年后，他不仅成为一家物业公司的主管，而且还开始回到母校招聘工作人员，为更多的学生提供了就业机会。

就 事 论 事

小王可以说是学生就业的一个典范，他在校期间，能够在不利于自己发展的前提条件下耐心等待机会，不气馁；在挑战来临时，敢于展示自我，争取机会；获得机会后，充分利用平台，展露才华和能力。

通过一系列的努力，更好的认识了自己，同时也了解了社会的需求，两相比较后对自己的就业确定了更适合自己发展的方向，最终一步步走向成功。

专 家 评 述

一、正确认识就业挑战　进行充分准备

1. 正确认识就业环境，做到有的放矢

俗话说，"知己知彼，百战不殆"。我们不仅要加强自身的心理素质，还要了解我们即将要迈入的社会，首当其冲的就是如今的就业环境。人力资源和社会保障部新闻发言人在新闻发布会上表示，2012 年就业形势依然严峻。

首先，就业总量矛盾和结构性矛盾依然非常大。2012 年城镇需就业的劳动力达

2 500 万人，比"十一五"时期的年均数多 100 万人，其中高校毕业生规模达到 680 万人，是 21 世纪初的 6 倍多。另外结构性矛盾更加突出，招工难和就业难并存。不仅技术工人短缺，普通工人也短缺。根据监测，这种就业难和招工难并存的现象更加趋于常态化，而且有从沿海向内地蔓延的趋势。同时，经济形势的不确定性对就业影响加大。2010 年毕业大学生约 630 万人，2011 年约 660 万人，2012 年，毕业人数再创新高，达到 680 万人。照此预测，"十二五"期间，应届高校毕业生年均规模将达到近 700 万人，大学生就业形势相当严峻，总量压力有增无减。

针对如此严峻的就业形势，要进行充分的准备，目前社会对人才的需求主要分为高精尖的技术人才或者"一招鲜"的一线人才，我们高职院校培养的目标就是后者，要拥有切实的行业技能，才能在竞争大潮中立于不败之地。对于艺术生来说，最关键的就是要有丰富的舞台表演经验和一线的演出经历，同时还要一专多能，比如节目策划、舞台布置等相关的行业技能，这样的人才是最具有竞争力的。所以在校生要根据市场的这个需要，有针对性地加强自己的专业技能，拓宽自己的行业领域，突出自己的优势，以便适应现在的社会需要。

随着中国经济的发展，党的十七届六中全会为坚持中国特色社会主义文化发展道路指明了方向，并制定了《中共中央关于深化文化体制改革推动社会主义文化大发展大繁荣若干重大问题的决定》，从政策上大力扶持，文化市场开始呈现出繁荣的景象。各省市地区都在加大文化建设，推动文化繁荣发展。一方面加大高端艺术市场的建设，另一方面也大力加强基层文化建设，通过农村、社区等文化建设，丰富老百姓的文化生活。

随着物质生活水平的提高，老百姓对文化艺术的需求也不断提高，一方面需要大量的文化娱乐，另一方面也注重加强下一代的艺术修养，艺术培训市场一年比一年火爆。以上这些因素都刺激了艺术类毕业生的就业市场，为广大的艺术类毕业生提供了广阔的就业空间。我们应该抓住这些机遇，有针对性地进行准备。

2. 加强规划意识　做好充分准备

就业过程看似很短，只是毕业时节的事情，简单的一个签约就完成了自己从学校人到职业人的转变。其实这是一个很漫长的过程，可以说，我们从出生、上小学以至最后的毕业，都是在为找一份好的工作做准备，这个过程漫长而艰辛。既然就业不是一朝一夕的事，我们就要及早对自己的未来进行筹划，加强规划意识，为就业做好充分的准备。

尽管很多高校已经开展职业生涯教育，但大学生职业生涯规划意识普遍偏低，出现就业心理问题的大学生在这方面尤为明显。这种规划意识的薄弱主要表现在对自我和工作世界缺乏足够的了解，在大学期间没有一个清晰的职业目标。

自我了解是职业规划的起点，可以通过能力、兴趣、性格和价值观四个方面进行系统的探索，也就是自我发现的过程。同时，大学期间还要对工作世界进行探索，对工作世界的探索可以分为两个层面：行业和职业。可通过浏览网络媒体、听讲座、实习等途径对工作世界进行探索，做到知己知彼，从而达到人职匹配，是确保找到合适职业的条件之一，有助于确定职业目标。确定职业目标以后，在校期间可以按照目标职业的能力、要求来塑造自己，到了求职时已经具备目标职业要求的能力素质要求，就可以顺利就业。

而很多学生缺乏职业生涯规划意识，没有清晰的职业目标，在大学期间失去了奋斗的方向。一方面，由于不了解学习的意义，学习的动力不足，导致学习效率不高，另一方面，由于仅把精力片面的放在理论学习上，没有针对性的去培养工作所要求的必备能力。以上种种，导致这些人群在求职的时候目标不清晰，不能突出优势，使求职变得盲目，缺乏针对性，降低了求职的成功率。

二、正确认识就业挑战　努力增强竞争意识

1. 竞争的概念

竞争，语出《庄子·齐物论》："有竞有争。"在现代社会中，竞争通常是一种激发自我提高的动机的活动形式。在这种活动中，个人为了取得好成绩与他人展开较量。我们的择业过程无疑就是一个充满竞争的过程。

竞争是生存的本质，也是推动社会进步、人类进步的内在动力。人们往往是在竞争的过程中获得了自我成就感，也在竞争中获得了自己的位置。竞争是社会发展的基本方式，古人所追求的与世无争在现代社会是不可能的。每个人或者主动或者被动地都要参与到竞争中。只有在竞争中占上游，或者在竞争中被甩下的区别，没有逃避竞争的可能。竞争本身就是生存的方式。竞争的实质在于促进变化和进取，而竞争的基础则是有意识的准备和良好的心理素质。

竞争具有强制性、排他性、风险性和严酷性。正是竞争的这些特性，容易让人害怕，但现在的社会已经是竞争无处不在的年代，每个人都必须面对。

2. 竞争对个人成长的积极作用

大学生择业是一个非常直接的竞争过程，要同其他应聘的选手正面碰撞，在众人之中脱颖而出，才能获得自己想要的职位，所以竞争是不可避免的，更是必要的。

竞争，对人的发展和社会进步有促进作用。它使人们明确追求目标，赋予压力和动力，能最大限度地激发潜能，提高学习和工作效率；使人们在竞争、比较中，客观地评价自己，发现局限性，提高水平；使集体更富有生气，丰富生活，增添学习和生活的乐趣。

竞争可以克服惰性，促进社会的进步和发展。竞争让人们满怀希望，朝气蓬勃。这是一种健康的心理。但是，竞争也容易使人在长期的紧张生活中产生焦虑，出现心理失衡、情绪紊乱、身心疲劳等问题。那么，在充满竞争的现代社会里，如何才能扬长避短，保持心理健康呢？

（1）敢于竞争。大学生就业制度的改革，为毕业生和用人单位提供了"双向选择"的机会，充分体现了竞争机制，使学生能够根据国家赋予自己的权利，结合自己的专业、爱好、性格、特长、愿望等挑选工作岗位，可以通过适当的途径和方式展示自己、

推荐自己，获得用人单位的青睐。学生应该珍惜这个机遇，敢于竞争，努力实现自己的抱负。

大学生敢于竞争，要有竞争意识，敢想、敢说、敢干，有敢为天下先的精神，还要从实际出发，充分考虑到自己的专业、性格、气质、爱好等，扬长避短。并且要靠真才实学，而不能靠纸上谈兵、夸夸其谈，更不能互相拆台或互相嫉妒，竞争应是在互相学习、互相勉励、共同进步中进行。同时还要准备经受挫折，求职择业的过程中充满竞争，失败在所难免，有了充分的思想准备，才会成为竞争中的强者。

（2）善于竞争。要想在求职与择业中取得成功，仅仅敢于竞争是不够的，还必须善于竞争。善于竞争体现在具备良好的心理素质、实力和良好的竞技状态。在求职面试时情绪一定要轻松自如。在面试时，要克服情绪上的焦虑和波动。如果一个人自始至终地以良好的情绪对待学习、工作和生活，那就有可能在竞争中获胜。

3. 积极提升自我，提高竞争力

就业竞争一方面是自己与应聘对手的竞争，另一方面也是自己与自己的竞争，如何在竞争中使自己脱颖而出就要从这两方面入手。

首先，要练就一身好的专业素质和能力，提高核心竞争力。

主要包括以下两个方面：一是专业基础知识，专业知识是专业实践技能的基础，虽然在实践过程中应用较少，但却是提高专业技能的基石，所以在大学期间要准备充足的专业基础知识，否则，只能"书到用时方恨少"；二是专业实践能力。对于高职高专学生来说，实践能力是核心竞争力的重中之重，对于艺术类高职高专学生来说，这个实践能力就是各种艺术表演能力及其他相关艺术实践能力。

其次，要练就过硬的心理素质和人文修养。

在当今的社会中，处处面临着机遇和挑战，如果没有良好的心理素质和人文修养，势必要在竞争中败下阵来。其中，良好的人文素质包括合作协调能力、沟通协调的能力、创新的能力等，只有全面加强个人的整体素质，才能在择业及以后的职业发展中保持不败之地。

❋ 延伸阅读 ❋

缓解应激压力的方法

应激是人们认为自己无法应付某种处境时产生的感觉。拉扎勒斯认为：当个人认为自己无力满足要求或身体状况无法应对某种挑战时，就产生了应激。简单地说，应激就是所感知的要求与个人对策之间的失衡。它是生活及成长过程中自然的、不可回避的、必需的组成部分。尽管我们不喜欢它，但却无法回避它。

人们面临着不同类型及不同程度的应激，主要分为急性应激、发作性急性应激和慢性应激。大学生面临的就业挑战所引发的应激一般属于急性应激，但如果长期找不到合适的工作单位，就有可能转化成慢性应激。

急性应激最常见的症状：情绪苦恼，伴有发怒、激动、焦虑和抑郁；肌肉疼痛，包括紧张性头痛、背痛、下颌痛，肌肉过度紧张所导致的肌肉拉伤及肌腱和韧带损伤；胃、肠和内脏功能紊乱，如胃灼热感、胃痛、胃肠胀气、腹泻、便秘等；应激性的警觉过度，导致血压升高、心跳加速、手掌出汗、心悸、头昏、眼花、偏头痛、手脚发凉、气短、胸痛等。

任何人在生活的任何时期都可能经历突如其来的急性应激。这种应激引起的不适很好处理和恢复，因为通常在引起应激的处境去除之后症状就会消失。

在择业过程中，我们每个人都会承受相当的压力，自觉不自觉地都会进入到一种应激状态，在这个应激源无法避免的情况下，我们可以适当地学会一些自我调节的方法，将应激对我们的负面影响降低到最低。下面我们就介绍 10 种缓解应激压力的办法：

（1）了解什么是应激以及应激怎样对人产生影响。"觉察是改变的开始"，了解应激产生的过程及其对人的影响，就能够确定应激的主要来源，预见应激作用的周期及应对措施，进而找到自己在生活各方面所能承受的最适应激水平。这样你就可以做到对自己的应对应激能力心中有数。

（2）提高决策水平。学会分解问题，将一个大的问题分解成多个容易解决的小问题，并收集足够的信息对问题进行分析，这些技巧将大大提高决策水平。从中找出自己的决策风格，并学会根据具体的问题对症下药。

（3）了解放松的好处。有许多简单易行的放松技巧，这些方法能有效地缓解应激。

（4）保持良好的健康状态。良好的饮食习惯包括平衡的膳食结构，早饭吃饱，三餐有规律。保持正常的体重，坚持适当的体育锻炼，保证充足的睡眠。

（5）提升自我概念。自我概念的改善使人更加自信，更有能力战胜各种困境。

（6）乐观向上。保持乐观向上的态度，不要让各种悲观的念头左右自己的生活。一旦采取积极乐观的生活态度，你将发现自己可以取得更好的成绩，面对应激你将不再退缩、逃避。

（7）建立良好的人际关系。在遇到困难时有人帮助、有人倾诉、有人依靠，这一点对于减少应激、减轻应激对生活及健康的影响至为重要。

（8）学会坦诚地交流。直接说出你的想法和要求，表明你的观点，对过分的要求说"不"。

（9）合理安排自己的时间。确定哪些是应该优先做的事情，区分出哪些是必须做的事情、哪些可以缓一缓。

（10）时刻准备迎接未来的挫折甚至灾难。现代社会变化非常大，充分的心理准备显得必不可少。

★ **课 后 练 习** ★

心理健康状况调查问卷

指导语：以下问题是为了解你的健康状况并为了增进你的身心健康而设计的调查，请你按照题号顺序阅读，在最近一年中，在你常常感觉到或体验到的项目上选择"是"，否则选"否"。注意只有两种选择。请认真地填写。

1. 食欲不振	是	否
2. 恶心、胃口难受、肚子疼	是	否
3. 容易拉肚子或便秘	是	否
4. 关注心悸和脉搏	是	否
5. 身体健康状况良好	是	否
6. 牢骚和不满多	是	否
7. 父母期望过高	是	否
8. 自己的过去和家庭是不幸的	是	否
9. 过于担心将来的事情	是	否
10. 不想见人	是	否
11. 觉得自己不是自己	是	否
12. 缺乏热情和积极性	是	否
13. 悲观	是	否
14. 思想不集中	是	否
15. 情绪起伏过大	是	否
16. 常常失眠	是	否
17. 头疼	是	否
18. 脖子、肩膀酸痛	是	否
19. 胸疼憋闷	是	否
20. 总是朝气蓬勃的	是	否
21. 气量小	是	否
22. 爱操心	是	否
23. 焦躁不安	是	否
24. 容易动怒	是	否
25. 活着没意思	是	否

续表

26. 对任何事都没有兴趣	是	否
27. 记忆力减退	是	否
28. 缺乏耐力	是	否
29. 缺乏决断能力	是	否
30. 过于依赖别人	是	否
31. 为脸红而苦恼	是	否
32. 口吃，声音发颤	是	否
33. 身体忽冷忽热	是	否
34. 注意排尿和性器官	是	否
35. 心情开朗	是	否
36. 莫名其妙地不安	是	否
37. 一个人独处时感到不安	是	否
38. 缺乏自信心	是	否
39. 办事畏首畏尾	是	否
40. 容易被人误解	是	否
41. 不相信别人	是	否
42. 过于猜疑	是	否
43. 厌恶交往	是	否
44. 感到自卑	是	否
45. 杞人忧天	是	否
46. 身体倦乏	是	否
47. 一着急就出冷汗	是	否
48. 站起来就头晕	是	否
49. 有过失去意识，抽筋	是	否
50. 人缘好，受欢迎	是	否
51. 过于拘泥	是	否
52. 为忧郁不决而苦恼	是	否
53. 对脏很在乎	是	否
54. 摆脱不了毫无意义的想法	是	否
55. 觉得自己有怪气味	是	否
56. 别人在自己背后说坏话	是	否
57. 总注意周围的人	是	否
58. 在乎别人视线	是	否

续表

59. 觉得别人轻视自己	是	否
60. 情绪容易被破坏	是	否
61. 至今为止，你感到在自身健康方面有问题吗？	有	没有
62. 曾经觉得心理卫生方面有问题吗？	有	没有
63. 至今为止，你曾经接受过心理卫生的咨询和治疗吗？	有	没有
64. 如果你有健康或心理卫生方面想要咨询的问题，请写在文本框内		

本问卷采用是非式选择，肯定选择的题计 1 分，否定选择的题计 0 分，由 60 个项目构成。其中，4 个项目是测伪尺度（Lie Scale），其题号是 5、20、35、50；其余 56 个是反映学生的苦恼，焦虑，矛盾等症状项目。总分的计算规则是将除测伪题以外的其他 56 个题的得分求和。因此，总分最高为 56 分，最低为 0 分。

筛选标准如下所示：

第一类筛选标准：

满足下列条件之一者应归为第一类：

（1）总分在 25 分（包括 25 分）以上者；

（2）第 25 题做肯定选择者；

（3）辅助题中同时至少有两题做肯定选择者；

（4）明确提出咨询要求者（由于此条选择人数较多，有时不用）。

第二类筛选标准：

满足下列条件之一者应归为第二类：

（1）总分在 20 分至 25 分（包括 20 分，不包括 25 分）之间者；

（2）第 8，16，26 题中有一题做肯定选择者；

（3）辅助题中只有一题作肯定选择者。

第三类筛选标准：

不属于第一类和第二类者应归为第三类。

结果的评价与分类：

第一类学生中，通过进一步的诊断被认为确有心理卫生问题的学生称为 A 类学生，该类学生需要进行持续的心理咨询。没有严重心理卫生问题的学生称为 B 类学生，该类学生可作为咨询机构今后关注的对象。没有任何心理卫生问题的学生称为 C 类学生。

第五章

适应职场　扬帆起航

　　经过了十余载的寒窗苦读，毕业生们开始进入社会，开始人生职业生涯之旅。他们在踌躇满志、憧憬着美好前景的同时，也迎来了人生中又一次严峻的考验。对于大学毕业生而言，新的挑战，新的发展契机，将如何迎接呢？短短几个月，能否顺利渡过职业适应期，早日适应职业环境呢？为此，毕业生必须清醒地思考和认识学校与职场、校园人与职业人之间的差别。尽快完成角色转化，正确地面对社会，处理好职场中产生的诸多问题，迎接挑战，创造精彩人生。

第一节　初入职场　积极适应

职 业 故 事

　　王同学毕业于省内的某艺术高职院校舞蹈专业，由于在校专业成绩非常优秀，而且在校期间获得过国家级舞蹈比赛大奖，毕业时获得了与几位专业舞蹈高校毕业生在同一家著名专业舞蹈团工作的机会。与她众多的校友和同班同学相比，她心里有一种很强的优越感。进入舞蹈团时，团长要求她从最基本的群舞演员做起，她觉得有些大材小用。在一次演出中，由于舞蹈动作失误，导致整个舞蹈演出非常不成功，给整个舞蹈团声誉带来了负面影响。王同学当时不以为然，并没有觉得问题特别严重。舞蹈团领队找她谈话时，告诉她：在学校里成绩的考核是一张试卷，一般是允许有错误行为的，一道计算题，就算结果中出现计算失误，与答案不符，也能得到分数。但是在实际工作中则不然，工作需要的是一个确切的结果，99 分≠优秀，99 分＝0＝前功尽弃＝灾难。听了经理的一席话，王同学幡然醒悟。

就 事 论 事

　　在学校里，是学生学习科学文化知识，并且用这些知识指导实践活动的过程，更是通过认识和实践活动提高自身素质的尝试过程。学习是允许犯错误的，有时候老师会鼓励犯错误。而工作中，则是用知识和技能创造社会财富的过程，有严格的规范和操作程序。它是职员通过自己的劳动向社会提供合格产品和服务，并实现自身价值的过程。所以，职场是不允许犯错误的。

────────────────┤ 专 家 评 述 ├────────────────

一、职业适应的内涵

"立业"是青年阶段社会化工作过程中最为重要的事。它意味着个体从受教育者向生产者、劳动者的转变，标志着个体由此进入正式的社会序列。对于那些刚刚踏入社会、作为独立的社会成员参与到社会生产过程中的青年来说，适应工作、适应职业无疑是他们面临的首要任务。

每个刚踏上新工作岗位的青年学生都要经历从不适应到适应的过程，这一过程实际上是青年社会化不可跨越的必经阶段，对今后的发展与成才将产生重要影响。所以每个人，尤其是刚刚毕业的青年学生必须认真地对待职业适应问题。

职业适应，是指毕业生个体结束学校教育，进入职业环境，与这一特定的职业环境进行互动、调整以达到和谐的过程。职业适应的时期叫适应期，是指刚刚就业或转换职业的学生对新职业环境适应和习惯的这一阶段。对职业环境的适应，主要是指对生产过程、岗位职责、工作制度、人际环境、生活习惯等方面的适应，是人与职业相互协调和有机统一的过程。职业适应性直接反映高校毕业生个体与其所从事的职业之间不断磨合以达到和谐的过程和结果，是高校毕业生适应性的重要组成部分。职业适应性水平的高低也是衡量个体职业生活是否和谐的最重要指标。

二、大学生职业适应的意义

大学生告别校园，走上工作岗位，开始自己的职业生涯，这是人生历程中的重大转折，被称为毕业生的"第二次诞生"。

第一，良好的职业适应有利于大学生顺利完成由学生角色到职业角色的转换，尽快地适应社会，适应新的工作，更好地实现职业发展。

第二，良好的职业适应有利于大学生正确认识和评价自己，准确定位，把握好职业方向，充分实现人生价值。

三、大学生职业适应的影响因素

当大学生进入一种新的职业时，由于个人因素与职业组织因素的不断互动，会对个体的职业适应产生影响。较高的职业适应水平，会增强毕业生个体职业稳定性，使其更好地融入职业生活并获得进一步的职业生涯发展。相反，职业适应困难对毕业生个体而言，会导致个体产生职业倦怠，促成职业流动；对组织而言，则会导致工作质量下降等不良后果。那么，影响职业适应的因素有哪些呢？

1. 个体因素

个体因素是指影响毕业生职业适应水平的内在因素，主要有先赋性因素和自获性因素。

（1）先赋性因素（家庭因素）。先赋性因素，是指毕业生无法选择的，先天就有的并对其有一定影响的因素。先赋性因素主要指父母的社会经济地位（职业和教育程度）对毕业生的职业适应水平的影响程度。父母的社会经济地位（职业和教育程度）代表了毕业生的阶层背景，反映了毕业生所具有的家庭文化资本。父母的受教育程度和社会地位，体现了一个家庭的资源。这种文化资本不仅在家庭积蓄着，由子女继承下来，还决定子女受教育的机会，特别是文化资本还会影响子女的学业和职业。家庭背景越好，相对而言，越容易找到工作。从某种程度上来说，教育体现了一种文化资本的传递。专家研究结果显示：父母职业、父母的教育程度和兼职经历的变化等先赋性因素，对毕业生职业的获得起一定作用，但对毕业生职业综合适应水平影响并不十分显著。

（2）自获性因素。在现代社会中，对职业能力要求高的工作比例不断上升。雇主往往会根据应聘者的个人素质，如：职业技能掌握情况（职业资格证书和学历）来决定是否录用，员工在企业的工作表现来决定是否晋升。也就是说，个体"做了什么"和"能做什么"等自获性因素对个体职业生涯发展起决定性的影响。为此，毕业生的职业技能掌握程度（职业资格证书）、职业生涯规划能力、独立能力和在校兼职情况等对毕业生职业适应起关键作用。经专家研究结果显示：职业生涯规划能力、职业技能掌握程度、独立能力、工作内容简易程度和企业管理方式与职业综合水平呈显著性正比。其中，企业管理方式、职业技能掌握程度和职业生涯规划能力与职业综合适应水平相关系数较高，而工作内容与职业综合适应水平的相关系数则较低。

2. 企业因素

企业是个体从事岗位工作的环境，对于个体而言，是岗位工作的情境和内容的集合。企业对毕业生职业适应水平的影响，从单因素分析来看，工作内容简单程度和企业管理方式的满意程度对毕业生职业适应水平的影响显著。随着学校专业教育的加强，尤其是强调专业培养与岗位的无缝对接，工作内容对毕业生职业适应水平的影响相对不明显，而企业的管理方式却影响很大。企业的管理方式，代表了一个企业的组织文化特征，反映了企业对员工的规范要求和职业角色期望。良好的、人性的管理方式有助于毕业生员工提高职业适应水平，积极融入企业团队。对于毕业生员工来说，企业的管理重点应当放在自谋出路培训方面，了解其职业适应需求，通过自谋出路培训、师徒制等方式帮助毕业生员工度过适应阶段。

四、提高大学生职业适应性的对策

大学作为培养学生职业适应能力的重要场所，对大学生毕业后对工作岗位的适应性起着重要的作用，尤其是对大学生树立正确的职业价值观、适应职业环境、形成良好的就业心态，具有深远的意义。因此，培养和提高大学生的职业适应性，一方面需要企业、社会和学生共同努力，另一方面需要高校为学生的职业适应和职业生涯发展奠定良好的基础。帮助大学生提高适应岗位、适应社会的能力，为大学生实现人职匹配、人与组织匹配、人与团队的匹配奠定基础。在此，高校应做如下工作。

第一，加大职业适应性教育的宣传和培训力度，帮助大学生更好地适应未来职业环境。据调查，目前大学生接受职业适应性教育的宣传和指导活动的频率并不高，在接受调查的 392 名大学生中，73.8% 的学生认为学校开展此项教育的频率还很不够。对此，高校应该充分重视大学生的职业适应教育工作，通过开展职业指导讲座，让学生充分认识学业与就业的关系，更好地面对将来所要面对的就业竞争市场，树立良好的就业心态，培养良好的职业心理素质。同时，高校应该指导大学生结合未来职业与人格特征，及时开展职业生涯规划，选择适合自己的工作，缩短职业磨合期。

第二，从多方面着手，系统地培养大学生的职业适应素养。大学生的职业适应性包括学习及技能适应性、人际适应性、职业意识适应性、职业选择适应性、职业环境适应性五个方面。因而高校在开展大学生职业适应教育和培养的过程中，既要培养学生的职业技能，又要培养学生的职业意识和职业人格，使他们能够从职业意识、职业能力和职业人格等方面更好地适应未来就业和职业发展的需要。

第三，为大学生提供更多的实践锻炼机会。社会实践对于增强学生的职业适应能力具有重要的作用。研究发现，学生干部在职业适应性上明显优于非学生干部。为此，高校应该本着提高学生未来职业适应能力的基本原则，在各种实践活动中培养学生的自主学习、自我管理、人际交往等方面的能力和职业人格，使他们能够更快、更好地适应未来的职业生活。

第四，认真做好大学生的暑期社会实践和毕业实习工作。学生的暑期社会实践和毕业实习工作对于增加大学生的职业体验，缩短从学校到职场的心理不适，有着十分重要的作用。高校要建立一大批的暑期学生社会实践基地和学生毕业实习基地，为学生的职业适应提供良好的环境条件。

第五，低年级大学生职业适应性的培养值得关注。大学生具备职业适应能力不是一朝一夕的事情，而是逐步形成的。低年级学生对未来的职业适应与高年级学生比较而言，由于紧张度不够，就业压力感不强，造成了适应性高的假象，对此必须高度重视。要培养低年级学生职业适应的危机感，培养他们的职业适应意识，使他们自觉自愿地加强自身知识能力、人格等方面的培养，为未来就业做好心理准备，不要到毕业前，才"临阵磨枪"。

第六，要关注女大学生的职业适应性。当前女大学生成绩虽然相对较好，而部分用人单位出于自身利益因素的考虑，在职场中表现出歧视女性的行为，因此给女大学生的职业心态和环境适应性带来了不利的影响。在培养职业适应能力过程中，一方面要帮助女大学生树立正确的择业价值观，摆正心态；另一方面要培养她们敢于竞争、积极进取的择业意识。同时社会也应该对用人单位的行为进行相应的制约和规范。

―――※ 延伸阅读 ※―――

选　择

　　有三个人要被关进监狱三年，监狱长说可以满足他们一个要求。美国人爱抽雪茄，要了三箱雪茄。法国人最浪漫，要了一个美丽的女子相伴。而犹太人说，他要一部与外界沟通的电话。三年过后，第一个冲出来的是美国人，嘴里、鼻孔里塞满了雪茄，大喊道："给我火，给我火！"原来他忘了要火了。接着出来的是法国人。只见他手里抱着一个小孩子，美丽女子手里牵着一个小孩子，肚子里还怀着一个。最后出来的是犹太人，他紧紧握住监狱长的手说："这三年来我每天与外界联系，我的生意不但没有停顿，反而增长了200%，为了表示感谢，我送你一辆劳斯莱斯！"

　　这个故事告诉我们，什么样的选择决定什么样的生活。今天的生活是由三年前我们的选择决定的，而今天我们的抉择将决定我们三年后的生活。我们要选择接触最新的信息，了解最新的趋势，从而更好地创造自己的将来。

第二节　从学生到职业人的过渡

怀着必胜的、义无反顾的心态投入行动。

——多罗西娅·布罗德

　　从学生到职业人的过渡，不仅仅是角色的变化，更是工作环境、工作文化、生活作息规律、学习劳动纪律等有形因素和无形因素的变化。一些毕业生在过渡时，没有认清这些外在条件的变化，没有对自己做有效的调整，导致不能顺利过渡或过渡时间过长。从学生到职业人的过渡，除了在认识自我的基础上提高自己的综合素质之外，还要了解环境的变化。

职业故事

　　一位刚大学毕业的艺术类大学生李某，由于经验不足，能力欠缺，在工作中常出现失误情况，受到领导的严厉批评，他很不开心，没有心思工作。有人关心地问他："怎么不开心？"他说："经理太不近人情了，因为一点点的失误，就这么骂人。"同事继续问："是不是你工作没有做好？"小李委屈地说："即便是工作没有做好，他也不应该对我这样态度吧，我长这么大，我爸妈也没有这么大声地和我喊过！"同事继续地问："那你希望怎么样？"他答道："我希望如果我下次犯错时，他的态度能好一点儿！"

就 事 论 事

其实这位大学生的潜台词是：我出错是难免的事；我再出错时，要改的是经理，不是我，经理应该提高他的管理艺术。试问，如果这位大学生有这样的想法，下次再做同样的工作，重复同样的错误，上级对他的态度会好一些吗？

职场人士正确的说法应该是："我今天工作出错了，上级严厉地批评我，我很不开心。但是我下次一定把事情做好，让他说不着。"

在学校犯错，后果再怎么样也不会太严重，至少对学校的生死存亡，不会造成太大的影响。职场就不同了，你的一个小小的失误，不仅会影响你的个人发展，还可能给所在单位造成重大的损失。

| 专 家 评 述 |

一、学生角色和职业角色的差异

1. 社会责任不同

学生角色的主要社会责任是学好科学文化知识，掌握为人民服务的本领，使自己的德、智、体全面发展。整个角色过程是一个受教育、储备知识、锻炼能力的过程。职业角色的责任，是以特定的身份去履行自己的职责，依靠自己的本领或技能去为社会和他人服务，完成某项工作的过程，它是通过对工作对象的履行情况来体现的。两种责任的履行所产生的后果也是有区别的。学生角色责任履行得如何，主要关系到个人的知识掌握的多少和能力培养的程度；而职业责任履行得如何则直接影响到个人的前途、命运。

2. 社会规范不同

职业角色与学生角色不仅是在规范的内容上不同，而且规范所产生的约束力也不一样。社会对学生角色的规范内容，主要反映在国家制定的《大学生行为准则》和各学校制定的《大学生手册》之中，告诉学生怎样做人，如何发展等。因为学生是受教育者，在违反角色规范时，主要还是以教育帮助为主。从事工作后，就变成了成年人，社会对职业角色的规范因职业的不同而不同，但肯定是更严格，违背了就要承担一定的责任，甚至法律责任。

3. 社会权利不同

学生角色的权利主要是依法接受教育，并取得经济生活的保证或资助。职业角色则是依法行使职权，开展工作，并在履行义务的同时取得报酬。

4. 活动方式的不同

学生角色是在接受外界的给予，即接受和输入，主要是要求理解；而职业人员角色则是运用自己的知识和能力，向外界提供自己的劳动，即运用和输出，要求结合实际创造性地发挥水平。

5. 经济活动方向不同

在学校学生一直是消费活动，主要是要支付学费、杂费和生活费等，所以上学是一种消费行为。但在职场上，作为职业人，主要进行的是生产服务活动，通过体力与脑力的劳动为社会创造财富，并从单位领到属于自己的劳动报酬，而且实现谋生的目的。

6. 所处环境不同

（1）在学校里学生基本上是"单兵作战"，独自完成各类作业、试卷、设计，即使需要做一些团队作业，比较用功的学生也可以单独搞定。职场上，几乎所有的任务，都需要做一些团队协作来完成，而且，你的任务完成情况会受到上一个环节的制约，也会影响下一个环节，甚至影响到整个公司。因此，在职场上，如果你不善于交流和沟通，不能与人合作，你将很难完成工作任务。

（2）在学校，相互以同学相称，在职场以同事相称。学校里虽然也有校长、书记、院长、系主任等，但学生的直接领导是班主任和各科教师，学校管理的范围很宽，不仅包括学习，还有生活、交友、思想等各方面。而在工作单位中，自己的领导则是直接上司，领导面窄，仅限于工作方面的领导，但工作中硬性规定的内容则较多。

（3）在学校里，学生是主体，是学校存在的根本，也是学校开展一切教学、服务活动的对象。在学校里，学生可以得到来自多方面的关爱，不仅有来自班主任、辅导员的关爱，也有来自任课教师、后勤管理服务人员的关爱。在职场上，个人同其他职工一样，是平等的，更是独立的，整个集体的目的是为了搞好工作，大家共同关注的对象是工作，而不是某一个人。周围的人都会以普通员工的标准来要求你。

7. 时间长短不一

虽然现在提倡终身学习的理念，但是每个人在学校的时间毕竟是有限的。在不复读或因故停顿学习的情况下，一般达到专科毕业需要15年时间，达到本科毕业需要16年时间，达到硕士研究生毕业需要19年时间，达到博士研究生毕业需要22年时间。即使工作一段时间后再去接受教育，仍然是有学习年限的，不可能一辈子待在学校里学习。总之，任何人在学校学习的时间都是有限的。在职场中，个人工作的时间相对较长，离开一个单位后，又可以到另一个单位去工作，一般人一生工作时间的总长可以达到30年以上。

从投资学的角度看，学校和职场分别是一个投资过程的不同阶段。上学属于投资阶段，工作则属于这个投资的收益回报阶段。

8. 目的不同

学校的目标是培养人，学生在学校是学知识的。上学目的是为了学习各种科学文化知识，掌握和提高各种能力，不断提高智商、情商、挫折商水平，使自己成为一个全面发展的人。在职场过渡到职业人后，则是用学校学的专业知识和修炼的较高的情商解决问题，发展生产，在职场主要目的是发挥自己的本领和才能。公司的目标首先是生存，是赚钱，然后才是培养人。因此，所有的企业都希望招到有工作经验的员工，都希望新员工能够"招之即来，来之能战"。公司里所需要的职位，从技术开发到行政文秘，生产管理到公关销售，从市场营销到质检物流等，可以说90%以上的工作职位，是大学生在学校里根本接触不到的。

总之，学生角色与职业角色的不同点在于：一个是受教育，掌握本领，接受经济供给和资助，逐步完善自己的过程；一个是用自己掌握的本领，通过具体工作独立为社会做出贡献，具有一定的权利和义务，以自己的行为承担责任的过程。所以，对于初入职场的新人来说，尽快让自己"职业化"就显得尤为重要了。

二、从学生角色到职业角色的转换

大学毕业生从学生角色到职业角色的转换，必然伴随着角色冲突、角色学习和角色协调等一系列过程。因此，大学生在开始自己的职业生涯之前，应该对自我、对社会，尤其是对即将从事的职业进行深入细致地了解和调查分析，找出自身的不足，提高心理承受力，加强角色认知，做好上岗前的各项准备，顺利地实现角色转换。

1. 角色转换过程中容易出现的问题

大学生在从学生角色向职业角色转换的过程中，往往会面临着新旧角色的冲突。有些人由于受到社会因素、家庭因素尤其是自身认知能力、人格心理发展、意志品质以及情绪情感等因素的影响，不能正确认识角色转换的实质，或者在角色转换中不能持之以恒，出现一系列问题。

①依赖恋旧心理与畏惧心理并存。许多大学毕业生由于习惯了十多年的学生角色，走上工作岗位后，难以从一个学生状态中完全摆脱出来。他们固守学生时代的生活和思维方式，对全新的职业角色充满了畏惧。因此，在职业生涯开始之初，许多人常常会自觉或者不自觉地把自己置身于学生角色之中，以学生角色的社会义务和社会规范来要求自己、对待工作，以学生角色的习惯方式待人接物，来观察和分析事物。面对新环境，不知道工作应该从何入手，如何应对。于是工作上就放不开手脚，前怕狼后怕虎，缺乏年轻人的朝气和锐气。

②自傲与浮躁同在。有一些毕业生对人才的理解不够全面和准确，认为自己接受了比较系统正规的高等教育，拿到了学历，学到了知识，已经是比较高层次的人才了。因而，往往看不起基层工作和基层工作人员，甚至认为一个堂堂的大学毕业生干一些琐碎的、不起眼的工作是大材小用，有失身份。有些刚参加工作的毕业生往往不清楚自己在工作中真正想要什么，能做什么，在角色转换的过程中，往往表现出不踏实的浮躁作风和不稳定的情绪情感。一阵子想干这项工作，一阵子又想干那项工作，不能深入工作内部了解工作性质、工作职责以及工作技巧。近年来，要求调整单位的毕业生人数增多，就是因为一些学生就职很长时间后还不能稳定情绪，进入职业角色，反而认为单位有问题，没有适合自己的职位。

2. 解决问题的对策

（1）调整就业心态，做好心理准备。

调整就业心态，做好心理准备是角色转换的基础。过硬的职业技能对职业成功固然重要，但充分的心理准备更是不可缺少的，因此毕业生要有"抗挫折"的心理准备。

一般来说，事业不会是一帆风顺的，如果心理准备不足，就会产生抵触情绪，导致能力下降。因此，毕业生要提前调整心态，在事业顺利的时候不沾沾自喜，在事业失意时不自暴自弃，这是事业成功者的必备素质。

（2）热爱本职工作，培养职业兴趣。

热爱本职工作，安心工作是角色转换的前提。刚刚走上工作岗位的大学生，应当尽快地从学生学习生活的模式中解脱出来，全身心地投入到工作岗位中去。如果"身在曹营心在汉"，不仅对角色转换不利，而且会影响职业兴趣的培养和工作成绩的取得。

（3）虚心学习知识，提高工作能力。

虚心学习知识，提高工作能力是角色转换的重要手段。毕业生在校期间学习到的东西毕竟是有限的，很多知识和能力需要在工作实践中去学习、锻炼和提高。面对全新的职业，毕业生需要从头学起，虚心向有经验的技术人员、师傅和同事学习，不断丰富自己的专业知识，提高自己的专业技能，最终达到自我完善。

（4）勤于观察思考，善于发现问题。

勤于观察思考，善于发现问题是角色转换的有力保障。大学毕业生进入职业角色，只有善于观察问题，才能发现问题；只有运用自身掌握的知识去努力解决问题，才能掌握大量的第一手资料，分析研究职业对象的内部规律，也才能培养自己的独立见解，逐步具备独立开展工作的能力，更好地承担角色责任。勇挑工作重担、乐于奉献是完成角色转换的重要标志。大学毕业生走上工作岗位以后，应当从一开始就严格要求自己，树立主人翁意识，增强社会责任感，任劳任怨，不计较个人的得失，努力承担岗位责任，主动适应工作环境，促使自己更好、更快地完成角色转换。

三、如何从"校园人"转变为"职业人"

1. 把握角色转换的六个"转变"

（1）从情感导向到职业导向的转变。

情绪化是学生的显著特征之一，这与职业人的高度理性行为是格格不入的。这里的具体转变包括：情感人转变到职业人（比较注重游戏规则）；个人好恶转变到敬业精神；情绪左右转变到职业驱动。毕业生进入职场后需要按照职业操守行事，即使认为自己有能力也要遵章办事，而不能像以前学生时代，一味地任由自己的性情处人处事。

（2）从思维导向到行为导向的转变。

学生学习，重在开发智力，学习知识，往往都是思维的训练。这和职业人的情况有很大的不同，具体包括：思维至上转变到产品至上；想到就行转变到做到才行；理论家转变到实干家；注重是非分析转变到注重是否合适。大学毕业生要脚踏实地、兢兢业业地工作。很多学生在参加工作之前都很有自己的想法，说起事情来也头头是道，但是到了岗位上却往往眼高手低，说的比做的好。在角色转换过程中一定要切忌这一点，变思想为行动。

（3）从成长导向到绩效导向的转变。

在学校中，学生考虑的往往是自己的成长，学生好坏的衡量标准是成绩。而在企业当中，职业人考虑的往往是经营绩效和利润。具体来讲，这些转变包括：智慧生活转变到经济生活（考虑经济上的投入及产出）；知识目标转变到利润目标；个人成长转变到企业成长。

（4）从个人导向到团队导向的转变。

当代大学生很多都有一个明显的特点就是个性化强，团队和集体意识淡薄，而职场最为看重的就是员工的绩效。在学校中，以自我为中心的模式将不再适合于企业，个人的成功必须与整体的成功结合才有意义。只有努力工作，多多付出，才会等价地得到更多回报。这其中的转变包括：重个性转变到重标准；以个人为衡量标准转变到以集体为衡量标准；讲独创转变到讲协作；独行转变到合作。

（5）从个人资源到组织资源的转变。

学生以个人导向为主，相应地依托个人自己的资源来生存和发展，而职业人在组织中，依托和利用的资源来自于组织。具体包括：利用个人资源转变到组织化的资源支持平台；独立发展转变到企业共同发展；依靠个人转变到依附企业。

（6）从兴趣导向到责任导向的转变。

学生时期的主要职责是积累知识，而工作后则要开始承担各方面的责任，包括经济上的独立和家庭义务。学生的生活更多是凭借自己的兴趣，比较注重自我的感受，而职业人的一个基本特征就是职责所在，义不容辞。毕业生必须学会为家庭、为公司，也为社会承担责任。这里的转变包括：兴趣所在转变到承担责任；个人利益为本转变到公司利益为本；追求快乐转变到追求信任。

总之，从校园人到职业人的转变不是一个迅速的过程，这其中会有很多痛苦和挫折，但不完成这种转变，要成为一名成功的职业人几乎没有可能。

2. 做好角色转换的准备工作

（1）毕业前夕的准备工作。

大学生从年前 11 月份左右找工作直至第二年 6 月份毕业离校，这一阶段的时间跨度很大。可以说，这一时期是毕业生转换角色的重要阶段，学生与用人单位签约的同时，就预示着开始迈开由学生角色向职业角色转变的第一步。一般来说，这个时候学生大部分的课程已经学完，学校的教学计划主要是毕业生的实习实践和毕业论文，学生自主支配的时间相对较多。许多毕业生难免出现这样的心态：大学几年的努力在签订就业协议的那一瞬间，便尘埃落定，不用上班，不用上课，人生突然失去了目标，感觉很空虚。一些人难免把这段时间当成"最后的疯狂"，完全放松，甚至放纵。其实，在校学习期间的学习环境，学习条件以及学习技能的训练都是最为理想的。因此，毕业生应该从就业协议书签订到毕业离校的这段时间，针对性地学习知识、培养能力，提前奠定良好的心理基础和知识技能基础。

①重视毕业实习和毕业设计，学习与未来工作岗位有密切联系的专业知识和专业技能。大学的课程设置总体上偏重于基础知识的学习和基本技能的培养，而不一定涉及特定岗位上所需要的专业知识和技能。毕业实习和毕业设计是毕业生步入职场的一个必要

的过渡阶段。对即将毕业的学生来说，通过毕业实习和毕业设计，可以将自己所掌握的理论知识运用于实际，这不仅有利于加深对书本知识的理解和巩固，还能够发现不足，对自己的知识结构进行必要的补充和调整，提高观察、分析和解决问题的实际工作能力。

②进行非智力因素技能的训练，提升多方面的能力。大学毕业生智力上的相差并不太大，而非智力方面的技能却是影响毕业生择业、就业和创业的重要因素。毕业生要敢于表现自己，充满自信，在公众面前不缩头缩脑，往往会给人留下良好印象；加强书面表达能力和口头表达能力的培养，善于表现自己，往往会使毕业生在工作中脱颖而出。在与人交往过程中，要诚恳而不谦卑，自尊而不倨傲，在与他人的竞争中，做到争而不伤团结，赛而不失风格，获胜不忘形，失败不失态等，往往更能赢得单位和同事的信任和赞誉。

（2）试用期内的准备工作。

毕业生参加工作后需要经过一段时间的试用期，考核合格之后才能转为正式人员。试用期事实上是一个学习和熟悉阶段，甚至比学生时代要学习更多的内容，这其中最重要的就是职业学习。学习本职业务的应用知识，尤其是如何将书本知识实际结合起来。除了专业外，还要学会基本的礼貌用语与举止，学会尊重与谦让，懂得恰当的职业着装。还要具有应用写作等基本公务能力。

在校期间，大学生空闲时间和自由支配时间比较多，节奏也比较缓和，压力较小；而参加工作后，特别是在试用期内，毕业生往往被安排到条件艰苦的基层去锻炼，而且工作繁忙，经常需要加班加点。在这种情况下，往往会加剧角色冲突，为此，大学毕业生应该加强试用期内的学习和认识，使角色转换顺利实现。

①重视岗前培训。岗前培训对于刚刚走上工作岗位的大学生的角色转换是非常重要和必要的。它不仅仅是让新员工了解单位的基本情况，熟悉规章制度和工作程序，更重要的是通过岗前培训来树立集体主义观念，培养人际协调能力和奉献精神。从某种意义上讲，岗前培训可以直接反映出新员工的素质高低，因此单位都非常重视，并依此择优录用，分配岗位。毕业生一定要以认真的态度把握好这样一次充实自己、表现自己和提升自己的良机。事实证明，很多毕业生就是因为在岗前培训期间显露才华，表现出色而被委以重任的。

②善于展现自己的知识。大学毕业生因为具有新知识而受到同事的青睐和尊敬，但为此也使一些人与同事之间容易产生一定的距离。因此，大学毕业生在同事面前一定要表现得谦虚、随和，在尊重同事丰富经验的同时，适时适度地展现自己的知识。例如，可以利用工作机会，特别是当同事在工作中遇到麻烦时，以谦虚诚恳的态度从理论上提出自己的见解，共同商讨，共同解决问题。也可以利用业余娱乐机会、发挥自己的知识优势。在交流中让同事了解你的为人和性格，缩短与同事间的距离，成为大家的朋友。切忌以文凭自倨自傲，那样只能使得同事对你产生反感，使得自己越来越脱离群众，变得孤立无助。

③树立工作责任意识。大学生对未来都有美好的期望，都想在事业上大干一场，建

功立业。但是多数人在走上工作岗位之初，一般不会被委以重任，而是先从最简单的辅助性工作做起，这也符合人才成长的基本规律。但是，有不少人凭着对工作的新鲜感和学识上的优越感，认为自己被大材小用了，对一些工作不愿意干，甚至开始闹情绪。其实，这是缺乏责任意识的表现，干任何一项工作，都要有足够的热情，更要有丰富的经验和随机应变的能力。这种经验和能力的获得并非一朝一夕之功，它需要在平时的工作中来积累和训练。显然，仅凭借热情和情绪只能是对工作的不负责任。因此，不管工作的大小，分工的高低，大学生都要以满腔的热情、高度的事业心和责任感认真对待，圆满完成。

④培养实事求是的工作作风。大学毕业生具有较强的自尊心和自立意识，在工作上总想独当一面，取得成就。尽管很多人对待工作的态度是认真谨慎的，但在很多时候，工作中还是难免出现失误。工作失误并不可怕，可怕的是不能正确地认识失误，不能实事求是地去承认失误。如果工作中一旦出现了失误，就要认真地分析原因，总结经验教训，找准失误点；同时要敢于向领导和同事承认，并勇于承担责任，以获得领导和同事的理解；另外，要虚心学习、请教，总结经验教训，防止避免类似失误再次发生。

★ ★ 课堂练习 ★ ★

艺术设计专业毕业的小梅刚毕业便在一家著名的外企设计公司找到了一份满意的工作。薪水高，自然压力就大，工作很辛苦。在刚开始的几个月里，她一直无法适应外企的工作方式。一次在将要下班时，老板突然交代了一项设计方案任务，要求必须在第二天下午3点前将任务完成。其实，在此之前，小梅已经连续加班三个晚上了，而且其中有两个晚上都是熬了通宵。但是，她不能拒绝执行任务，只好硬着头皮答应下来。当天晚上，小梅继续熬夜，但由于太过劳累，终于睡着了，等醒来后，已是白天上班时间，其他的工作一个接一个的，她将老板交代的任务给忘记了。到了下午，老板来取材料时，这才想起，只好忙不迭地道歉。老板则什么都不听，"不用道歉，我要的是结果，不管什么原因，你没有完成任务，就是你的问题！"小梅非常窘迫，一再表示在3个小时内一定将工作完成。

一年后，小梅成为办公室工作最出色的人。总结自己刚工作时的经验时，她说，老板没有义务原谅你的过失，你唯一能做的就是拼尽全力，将工作做到最好，不管遇到的困难是什么，你都要想办法克服它，做错之后马上改，不断总结经验教训，你会在工作中迅速成长，成为成功的职场人！

分组讨论：这个案例对我们的启示。

思考一下：你将如何去完成从学生到职业人的过渡？

第三节 融入职场

在事业成功的各因素中,个性的重要性远胜过优秀的智力。

——卡耐基

毕业生转变角色的同时,也就意味着要适应工作这一崭新的环境。很多毕业生都会在此刻踌躇,甚至慌张,事实上,工作环境并非很多同学都担心的那样处处是陷阱、凡事皆棘手。只要做好最为基础而又最重要的几个方面,自然能够顺利地适应新环境,新职业人一样可以成为工作岗位上的佼佼者。

职业故事

小江和小郑是某艺术高职院校表演系的同班同学,一同应聘到一家公司上班。上班的第一天,小江穿着一套崭新的蓝色西装,看起来非常职业。而小郑还是以前的学生时的打扮,一套非常休闲的外套,脚上一双运动鞋。第一天所有新员工到培训部接受培训。十几名新员工只有小江一人穿了正装。培训经理把新员工打量了一下,就指派小江担任新员工的班长,并让他在员工大会上代表新员工发言。以前在学校这些好事可都是小郑的,小郑觉得不服气,论能力他绝对在小江之上。

就事论事

第一印象也被称为首因效应,对一个职场新人来说非常重要。对于刚刚毕业的大学生来说,上班第一天的着装细节,都可能影响职业的发展。上班着正装,是对工作的重视,同时也会给人职业化的感觉。虽然小江在能力方面不及小郑,但他注意了职场中的角色要求,从而给用人单位留下非常好的第一印象,为今后的发展打好了基础。

专家评述

一、树立良好的职业形象

良好的职业形象是人生交往的重要资本。职业形象是指职业人从事职业活动时的形象,是社会公众对职业人的感受和评价。一个职业人的职业形象是公众对他的着装、气质、言谈、举止能力、敬业精神、乐观自信等外在形象和内在涵养的综合印象。

良好的职业形象不仅能够提升个人品牌价值，而且还能提高自己的职业自信心。职业形象也是维护声誉的重要组成部分，是企业文化和社会文明的重要组成内容。

1. 职业形象要与企业文化融合

企业文化或称组织文化是一个企业在生产实践中，逐步形成的，由其价值观、信念、仪式、符号、处事方式等组成的其特有的文化形象。

作为职业新人，毕业生一定要注意自己的着装打扮，关键是要将职业形象与企业文化相融合，使之符合自己的职业身份和个性特点。如果你是银行的职员，你的着装一定要稳重大方、精干利落，从而可以给客户留下一个良好的印象，让他把存款放心地交到你手上；如果你就职于化妆品公司，那你的妆容一定要时尚、美丽，让人一眼就被你的产品折服；如果你是广告公司搞创意的职员，那么你的着装可根据你的想象力尽情发挥，让商家相信你的创意会与众不同，吸引眼球。总之，一句话，你的着装风格一定要与公司的风格融为一体。这样不仅可以让别人看出你融入这个职业的程度，还能够从一定程度上更容易得到别人的认可。公司对那些从事研发和技术等创造性工作的员工不会用要求行政人员着装的标准来要求他们，只要穿着得体、整洁就可以了。在正式场合中，所有员工则都必须着正装出席，因为每一位员工都是公司的门面，代表公司整体的精神面貌。

无论从事何种职业类型，只要工作性质允许，都要适当地进行颜面修饰，淡妆反而比素面能使人显得精神焕发。要摆脱学生时代的"卡通"装，"稚嫩装"，显现成熟、稳重、大方，即适应职业环境。

2. 设计职业形象

(1) 具有职业个性。

突出"职业"特征，为"职业目标"服务。职业目标不同、职位不同，其职业内容和性质也不同，对职业形象的要求也不相同。职业形象设计不仅要与职业目标相吻合，还必须使职业形象具有个性化特征，因此对职业形象的设计必须从职业的实际情况出发，遵循职业活动规律的客观要求。例如，教师职业形象的设计，要符合教师授课的要求，突出整洁、规范、为人师表的特征。

(2) 具有时代感。

时代不同，职业形象的标准也不同。职业形象是在一定时期、一定环境下，社会公众对职业人的外在表现和内在素质的印象、看法、认识的综合体现。职业形象是随着社会的发展和职业的变化而发展的。良好的职业形象应具有浓厚的时代气息、体现时代的特征。

(3) 要有系统性。

职业形象主要由内在系统和外在系统构成。这两个方面都很重要，职业形象的突出特征是整体性。如果只注意形象的个别方面、个别要素，而没有注意到职业形象的全貌，就体现不出职业的系统性与和谐美。

职业形象的树立要注意以下几条原则：

①与个人职业气质相契合；

②与个人年龄相契合；

③与办公室风格相契合；

④与工作特点相契合；

⑤与行业要求相契合。

二、和谐人际关系建立

作为一个社会人，每一个个体都不是完全独立封闭的，每时每刻都有机会与他人接触、相处，大学生走出校园跳入社会中更是如此。学会与人沟通与交流，比自己盲目地埋头苦干更有帮助。

初入职场的毕业生或多或少都会面临处理职场中的人际关系时的困惑与苦恼。例如，当面对领导时应当如何表现、如何反应，当与同事言语行为接触时又有哪些禁忌和法则。事实上，人与人之间的关系虽然复杂，但把握一定的为人处世原则时，人际关系也可以变得很简单。美国著名的人际关系学大师卡耐基曾提出人际交往的五个重要法则："互惠互利"，记住他人的名字，学会真诚的赞美他人，做一名好听众，微笑。

1. 互惠互利——人际交往的基础

在与人相处时，一定要有感激之情，懂得对他人表示友好。在处理关系的过程中，保护好个人的利益的同时还要考虑他人的利益，只有这样才能产生和谐的人际关系，并获得对方的尊重与友好。

2. 记住名字——人际交往的关键

事实上，能否记住他人的名字或面孔本身就是对他人是否重视的检验。有时候不是你的记性不好，而是没有用心对待。进入工作环境后，毕业生要尽快地记住身边的同事和领导的名字与面孔，这样既能避免见面时不知如何应对的尴尬，又能让他人感受到你的平易近人，为建立和谐的人际关系打下良好基础。

3. 真诚赞扬——人际交往的促进剂

如果想在人际圈中得到别人的好感，就要学会在恰当的时机用恰当的方式赞美他人。所谓恰当，就意味着一定要真诚，发自内心。毕业生在初进单位时更多时候易出现的情况是羞于大胆夸奖他人，担心别人质疑自己的动机，又或是因为难以发现他人的优点而不愿做表面工作。事实上并不需要有太多顾虑和担忧，只要懂得和人相处时保持低姿态，就会很容易发现别人的长处，从而发自内心地给予称赞。

4. 倾听——人际交往的核心

当一名好听众也是在人际关系中获取好感的重要砝码。与人相处不但要懂得会说话更要懂得倾听，因为每个人都希望能够分享自己的想法与情感，并且获取他人理解与支持。作为职场新人，更要学会听别人讲话，尤其是在领导、同事和自己沟通时。

5. 微笑——人际交往的保障

微笑的力量是我们每个人都深深理解和认识的，虽然看似简单易行，然而真正在日常交际中坚持下来却并非人人的特长。有的毕业生可能会认为自己是个内向谨慎、沉默寡言的人，本身就不擅长在陌生环境中表现出轻松愉悦。其实发自内心的笑容并不难求，正如对别人的赞美一样，只要真诚就能获取他人的好感。

总之，刚刚进入职业新环境的大学生，要尽可能主动地与他人沟通交流，切忌独来独往、沉默寡言，这样既不能帮助自己尽快地适应新环境，也会阻碍领导和同事对你的了解。

三、熟悉职业环境

在大多数人的一生中，有三分之一的时间是在工作中度过的。从事何种职业，如何从事该职业，对于一名员工来说都是要认真考虑的问题。而对于初涉职场的新人，面临社会角色的变化，面对新的环境和新的人群，只有尽快地熟悉职业环境，才能让自己适应工作，从平凡变成优秀。

1. 了解本职工作

进入职场，首先要清楚自己的本职工作是什么，这是融入职场的第一步，详细了解自己具体工作的内容、步骤和过程，争取早日上手。

2. 了解工作环境

了解公司内部以及周围的自然环境，譬如公司各部门办公室的分布情况，卫生间的位置，公司附近有什么超市和商场，公司附近的车站情况等。这些也许都是不起眼的小事，但准备工作的好坏会对做事的效率产生很大的影响，当上司让你去某个部门传送文件，你却问他该部门的位置，上司脸上的诧异表情可想而知。

3. 了解企业情况

了解并严格遵守公司的规章制度。每个公司都会有员工手册，这是新员工认识公司规章制度最直接的途径。但要想迅速融入这个新环境，得到新同事的认可，了解员工手册上的规定远远不够，还必须多看、多想、多向身边的人请教。比如，有些公司明文规定禁止办公室恋情，有的公司不允许在上班时间接打电话。

4. 了解同事情况

了解公司的人际关系情况，新人要多观察、多请教，多从同事的谈话中了解同事的基本信息，在别人不经意间，给别人以惊喜或帮助，从而使自己的职业之路更加顺畅。

四、恪守职场规则

俗话说，"没有规矩不成方圆。"职场上也有职场规则，这是每个职场人都必须遵守的。

1. 职场道德准则（Workplace code of ethics）

松下幸之助开创了日本管理新理念，是当今最伟大的商人之一。然而他的人生信条却很简单：做一个端端正正的商人，勤勉礼让，安分守己，屈己厚人。这也就是我们平常所说的道德准则。管理企业，无非就是管人，而道德准则是做人的最根本准则。德行职场，才造天下！一个人如果有德，在职场上可以赢得别人的信任和爱戴；如果一个人有德再有才，那么将创造天下！诚信、善良、信任、努力、感恩、孝顺、尊重、热情、专注、认同等方面是多数用人单位制定的职业道德准则。因为他们坚信：诚信是交往的前提；善良是处世的真谛；努力是提升的捷径；信任是忠诚的基石；感恩是幸福的源泉；孝顺是德行的根本；尊重是征服的内因；热情是卓越的动力；专注是成功的保障；认同是团结的关键。只有认清并遵守这些职场道德标准，才能打造出职场奇迹，顺利度过职业适应期。

2. 职场管理规则

规则一：尊敬和服从上级。

职场之中，上下级关系的存在，是为了保证一个团队或组织工作的正常开展。上级开展工作，必须掌握一定的资源和权力，考虑问题往往从一个团队或组织的整体出发，很难兼顾到每一个人。对于一个下级来讲，在资源允许的情况下，配合上级共同完成团队或组织和自己的工作是首先要考虑的。下级尊敬和服从上级是确保一个团队或组织能够完成目标的重要条件。作为员工，不能站在团队或组织的高度来思考问题，而只是站在自己的角度去处处找上级的麻烦，甚至恃才傲物，对上级横挑鼻子竖挑眼，不服从管理，那么这样的一个员工将很难在一个团队或组织里生存，更不要谈发展。

规则二：如果你的工作暂时还不能达到上级的要求，一定要及时和上级沟通，要让他知道你的工作进度以及努力方向。

在实际工作中，有的工作需要一定的时间来保证，可能在一定时期内你的工作还没有让别人看到显著成绩。这时不要和你的上级距离太远，你要创造一定的条件去和他进行沟通，让他知道你是在努力工作，并要让他知道你的工作进度和计划以及将要取得的成绩。如果你这样做了，上级一般不会去责备你，而且他还会利用他所掌握的资源给你提供一些帮助和建议，这样就会加快你工作的进度，使你提前取得工作成绩。

作为职场新手容易犯的错误是，越是没有成绩，越是不愿去找上级沟通，认为没有成绩去找上级沟通没有面子，对上级采取敬而远之的态度。但是这样做的风险是很大的，因为你没有成绩，上级本身就不会太满意，甚至会对你的工作能力产生怀疑，而且由于他不了解你的工作状况和进度，还有可能导致上级认为你并没有努力工作。时间一长，你就可能进入上级要进行淘汰的目标名单。在每次被淘汰的员工名单中，并不全是那些工作成绩最差的。那些不会主动找上级沟通的人会占很大比例。有员工认为自己被淘汰，是上级不公平、不公正，是上级在拉帮结派、玩弄权术。如果不能找到自己被淘汰的真正原因，即便到了其他工作单位还容易犯同样的错误。

规则三：对于团队或组织依照一定程序所做出的决定，一定要服从，如果认为不合理，则可以通过合适的途径去反馈，并给上级留出一定时间。

一个团队或组织为了工作的正常开展，会依照一定的程序做出一定的决定。当然这些决定有可能是对的，也有可能暂时不太合理或不尽完善。那么作为新员工必须要明白：既然决定是团队或组织依照一定程序做出的，那么就具备一定的权威性和强制力，那么就要服从。如果这些决定有不合理的地方或不尽完善的地方，就要依照正常的程序和方式提出，如果可能的话，就提出自己的合理化建议，等待回复。在决定还没有得到修改之前，只要这些决定没有触犯法规，作为员工还是应该无条件服从的。如果一开始就采取消极或积极的方式直接对团队或组织的决定进行对抗，结果受伤的就只会是自己。

规则四：切忌采取煽动同事公开与团队或组织进行对抗来解决问题。

作为一个员工，在一个团队或组织里，受到委屈甚至不公平的做法都是正常的。在遇到委屈或不公正的待遇时，员工可以选择通过一定的程序和方式提出，甚至可以选择到相关的执法部门寻求帮助。但是采取煽动闹事，公开对抗来解决问题，往往容易把自己推到一个更加不利的境地，因为这种方式，作为一个团队或组织是绝对不能容忍的，结果可能就会是问题没有得到解决，自己已经被辞退。如果造成恶劣的影响或严重的后果，则会使自己面临法律的惩戒。

规则五：如果你不能为一个团队或组织创造一定的价值，但起码不要去制造麻烦和不和谐因素。

一个团队或组织里，成员可能会形形色色，个性各异，这也属于正常现象。但有的员工却喜欢采取一些小聪明、小手腕，制造麻烦、造谣惑众、煽风点火等方式来达到一些个人目的，结果往往引火烧身。一个人的为人和能力在团队成员的长期合作中，大家都会有一个判断。小聪明、小手腕能让一个人得到短期利益，一旦其他成员有所了解了，他便很难立足。所以，想在一个组织里面长期生存下去，大聪明是必要的。

规则六：对于上级安排的临时性工作，一定要及时反馈。

在职场之中，有时上级会安排一些临时性的工作给你，这些工作可能会非常紧急和重要，并且会要求完成和反馈的期限。作为下级，在接到上级安排的临时性工作时，如果能够完成，最好不要推托。另外，不管上级是否要求完成和反馈时间，都应该按照工作的性质和紧急程度给上级及时进行反馈。不可工作安排后，自己给抛到九霄云外。如果是这样，不但可能使上级不敢相信自己，而且今后也可能丧失许多的机会。如果感到自己没有能力完成，也应在接到工作时向上级提出，以便上级能够找其他人来完成。

规则七：成就上级从而成就自己。

由于工作使大家走到了一起，所谓同事首先就是一种合作关系。而如何和上级合作好，对任何一个身在职场之中的人都是极其重要的。尤其上级手中所掌握的资源和影响力对一个人在职场的发展都会起到至关重要的作用。

通过对那些在职场上能够快速发展的人分析后，我们发现，这些人无疑都是善于和上级进行合作的。他们在做好自己本职工作的同时，都会积极去帮助上级去分担一些工作，替上级去排忧解难。时间一长，上级就会把更多的锻炼机会提供给他们，而且愿意去培养他们，把自己的一些真经传授给他们。另外，由于能够替上级去分担工作，他们自己就会逐步熟悉上级的工作内容和技巧，而这些都往往是一个人能够得到快速发展的重要条件。当上级由于工作出色得到进一步提升时，他首先会考虑把能够升迁的机会提供和推荐给他们。而且在一个团队中，那些善于和上级合作的职场人士，一般来讲都会威信比较高，工作起来阻力就会小，也更容易得到自己上级的上级和同事们的肯定和重视。成就上级从而成就自己绝对是一条重要的原则。机会有时真的不是从天而降的，更多时候是要靠自己去争取和努力的。

规则八：把事做好的同时把人做好。

一个人从进入职场，就要塑造自己的品牌。把事做好，把人做好，是品牌塑造的重要条件。你在职场上积累什么样的声誉，将来就会决定你在职场上的长度和宽度。

在现代中国，一个人的人品仍然是一个企业或组织用人的重要标准。你的人品如何是需要大家在一起通过你做事和共事来看出来的，也是一个长期积累的过程。一个人想做出一番事业，想在职场有所作为，不但要在本单位内树立你良好人品的形象，还要逐步在行业内、在业界树立你良好人品的形象。一个人一定要学会承担自己该承担的责任，不去做有损他人和组织的事情。

3. 职场交往的规则

（1）不批评、不责备、不抱怨、不攻击、不说教。批评、责备、抱怨、攻击这些都是沟通的刽子手，只会使事情恶化。

（2）讲出来，尤其是坦白地讲出你内心的感受、感情、痛苦、想法和期望，但绝对不是批评、责备、抱怨、攻击。

（3）互相尊重。只有给予对方尊重才有沟通，若对方不尊重你时，你也要适当地请求对方的尊重，否则很难沟通。

（4）情绪中不沟通，尤其是不能够做决定。情绪中的沟通常常无好话，既理不清，也讲不明，尤其很容易冲动而失去理性。如：吵得不可开交的夫妻、反目成仇的父母子女、对峙已久的上司下属……尤其是不能够在情绪中做出情绪性、冲动性的"决定"，这很容易让事情不可挽回，令人后悔。

（5）等待转机。如果没有转机，就要等待，急只会治丝益棼。

（6）耐心。有志者事竟成。

（7）承认错误，是沟通的消毒剂，可解冻、改善与转化沟通的问题。

（8）说"对不起"。对不起，是一种软化剂，使事情终有"转圜"的余地，甚至于还可以创造"天堂"。

（9）不说不该说的话。如果说了不该说的话，往往要花费极大的代价来弥补，正是所谓的"病从口入，祸从口出"，甚至于还可能造成无可弥补的终身遗憾。

五、培养职业素养

1. 职业素养的含义

职业素养鼻祖 San Francisco 在其著作《职业素养》中这样定义：职业素养是人类在社会活动中需要遵守的行为规范，是职业内在的要求，是一个人在职业过程中表现出来的综合品质。职业素养具体量化表现为职商（英文 Career Quotient，简称 CQ），体现一个社会人在职场中成功的素养及智慧。也就是劳动者对社会职业了解与适应能力的一种综合体现，是劳动者通过不断学习和积累，在职业生涯中表现并发挥作用的相关品质。

2. 职业素养的基本内容

人的素养，体现在职场上就是职业素养，它包括专业能力（职业能力）、敬业（职业态度）和道德（职业道德）、职业意识、职业行为、职业技能等方面的内容。从表现形式上分为：内化素养和外化素养。内化素养是职业素养中，最根基的部分，包含个人的世界观、价值观、人生观等范畴；外化素养指计算机、英语等属技能范畴的素养，通过学习、培训可以获得，在实践运用中会日渐成熟。

职业素养教育是一种养成教育。San Francisco 认为，职业素养的修炼需要经历以下七道关：

印象关——初入职场形象管理；

心态关——学生向社会人转变；

道德关——职场安身立命之本；

沟通关——打造职场"人气王"；

专业关——"菜鸟"变"大虾"或"老鸟"；

诚信关——取得职场长期居住证；

忠诚关——走进高层核心圈。

通过七道关的培养，能够帮助个人具备良好的职业素养，快速融入职场，实现人生价值。

3. 培养职业素养的意义

职业素养是职业人在从事职业中尽自己最大的能力把工作做好的素质和能力，它不是以这件事做了会对个人带来什么利益和造成什么影响为衡量标准的，而是以这件事与工作目标的关系为衡量标准的。良好的职业素养是衡量一个职业人成熟度的重要指标。从个人的角度来看，适者生存，个人缺乏良好的职业素养，就很难取得突出的工作业绩，更谈不上建功立业；从企业角度来看，唯有集中具备较高职业素养的人员才能实现求得生存与发展的目的。可以帮助企业节省成本，提高效率，从而提高企业在市场中的竞争力；从国家的角度看，国民职业素养的高低直接影响着国家经济的发展，是社会稳定的前提。因此，"职业素养教育"显得尤为重要。

4. 职场必备的职业素养

（1）职业道德素质。

职业道德素质是企业人才最重要的素质之一，越来越多的企业首先看重人才的职业道德素质。职业道德包括爱岗敬业、诚实守信、办事公道、服务群众、奉献社会等方面的内容。

在市场竞争激烈的今天，一个有学问、有能力的人，如果道德品质不好，将会对企业造成极大的损害。现在许多公司在招收人时，要求他们有原辞职单位的工作表现证明，以了解他以往工作中的职业道德素质水平。蒙牛乳业集团有个上下皆知的用人原则：有德有才，破格重用；有德无才，培养使用；无德有才，限制录用；无德无才，坚决不用。"小胜凭智，大胜靠德"指的就是人才的道德素质在个人发展中的重要作用。

职业道德的基本职能是调节职能。它一方面可调节从业人员内部的关系，即运用职业道德规范来约束职业内部人员的行为，促进职业内部人员的团结与合作。另一方面，职业道德又可以调节服务人员和服务对象之间的关系。职业道德还有助于维护和提高本行业的信誉，促进本行业的发展，进而提高全社会的道德水平。

（2）文化素质。

文化素质指人们在文化方面所具有的较为稳定的、内在的基本品质，表明人们在这些知识及与之相适应的能力、行为、情感等综合发展的质量、水平和个性特点。优秀的企业人才必须具备一定的基础理论知识、较深厚的专业知识和广泛的邻近学科知识。良好的文化素质可以加快职业适应期对企业文化的认同，与企业战略协调一致，更好地为企业工作。作为职业适应期的人只有不断学习，快速融入团队，工作上力求突破，才能保持持续的竞争力。

（3）心理素质。

心理素质是以生理素质为基础，在实践活动中通过主体与客体的相互作用，而逐步发展和形成的心理潜能、能量、特点、品质与行为的综合。即指人适应和应对职场生活、学习、工作要求所形成的稳定的个性品质及其发展水平。它包括人的认识能力、情绪和情感品质、意志品质、气质和性格等个性品质诸方面。

社会的高度发展突出了相应心理素质的要求，人们在观看竞技比赛时常感触，高水平的大赛不仅是技能的较量，更是心理素质的比拼。企业也需要具有优异的心理素质人才，否则不能成功和胜任。在职场中，势必会遇到各种各样的困难和阻力。因此，是否具备良好的心理素质，也是一个人能否胜任自身工作的重要检验标准。通常一个优秀的职工，要具备这些方面的心理素质：强烈的自信心；追求目标实现的必胜信念；积极果断、坚忍不拔、处变不惊的意志品质。

（4）身体素质。

职工的身体素质对企业来说是非常重要的。面对繁重的工作，复杂的关系，身体健康的人工作起来精神焕发、活力充沛，对前途乐观进取，能负担起较重的责任，而不致因体力不济而功败垂成。由于社会的发展，经济竞争的日益激烈，人们常常需要在各种关系中周旋，产生过度的疲劳和压力，这就需要人们学会保持身体的健康，科学地释放压力，注意锻炼身体。坚持到最后，才有机会成功。

（5）良好的职业意识。

职业意识又称主人翁精神，是人们对职业劳动的认识、评价情感和态度等心理成分的综合反映，是支配和调控全部职业行为和职业活动的调节器。它包括诚信意识、创新意识、团队协作意识和奉献意识等方面。

职业意识既影响个人的就业和择业方向，又影响整个社会的就业状况，由就业意识和择业意识构成。就业意识是人们对自己从事的工作和任职角色的看法；择业意识是人们对自己希望从事的职业的看法。职业意识的形成不是突然的，而是经历了一个由幻想到现实、由模糊到清晰、由摇摆到稳定、由远至近的产生和发展过程。

①诚信意识。古人曰：人无信不立。市场经济是信用经济，一个企业、一个职业人

的市场信誉是可以用价值来度量的，即信誉度。所谓名牌、品牌，可以作为无形资产、产权交易就是这个道理。每一个人要想使自己有所成就，首先必须诚信，才可能得到别人的认可，继而实现人生价值、职业生涯的成功。

②顾客意识。顾客是商品的接受者、选择者、购买的决定者；顾客是商家的衣食父母，对待顾客的态度，实质上就是对待自己"饭碗"的态度。

③团队协作意识。个人与社会、团队、整体的利益是对立统一的。一个企业就是一个独立的社会经营团队，是由所有员工所组成的一个利益共同体，它即由大家来维护、创造，又给每个人带来生活的经济利益与精神生活。维护团队的声誉和利益，不说诋毁团队的话，不做损害团队的事，是每个成员应尽的义务。一个有凝聚力的团队，各级之间相互支持，通力协作，既有分工，又有合作，充分呈现较强的工作合力，健康有序，诚实守信，从而实现"1+1>2"的不断超越。

④自律意识。分清职业与业余的不同，在扮演职业角色时，能够克制自己的偏好，克服自己的弱点，约束自己的行为。

⑤学习意识。时代进步、社会发展突飞猛进，新的知识不断出现。每个人要想使自己有所成就，只有具备良好的学习心态、意识，不断充电、吸氧、与时俱进，才能保持自己跟上时代步伐，才有可能实践人生价值，职业生涯的成功。

⑥创新意识。创新是一个组织的灵魂，是组织兴旺发达的不竭动力。只有不断创新，才能有所发展。始终保持与时俱进的精神状态，学习最新的科技创新、管理创新和服务创新理念，掌握新本领，摸索新方法，为推动事业的发展注入强劲的动力。

（6）合格的职业能力。

职业能力是人们从事某种职业的多种能力的综合。例如：一位教师只具有语言表达能力是不够的，还必须具有对教学的组织和管理能力，对教材的理解和使用能力，对教学问题的教学效果的分析、判断能力，对现代化教学手段的驾驭能力等。

职业能力是多种能力的综合，包括一般职业能力、专业能力和综合能力。

①一般职业能力。主要是指一般的学习能力、文字和语言运用能力、数学运用能力、空间判断能力、形体知觉能力、颜色分辨能力、手的灵巧度、手眼协调能力等。此外，任何职业岗位的工作都需要与人打交道，所以，人际交往能力、团队协作能力、对环境的适应能力以及遇到挫折时良好的心理承受能力，都是我们在职业活动中不可缺少的。

②专业职业能力。主要是指从事某一职业的专业能力，即是否具备胜任岗位工作的专业能力。

③综合职业能力。主要指国际上普遍注重培养的"关键能力"，包括跨职业的专业能力、方法能力、社会能力和个人能力。

跨职业的专业能力是指一个人既要具有运用数学和测量方法的能力，也要具有相应的计算机应用能力和运用外语解决技术问题和进行交流的能力。

方法能力是指信息收集和筛选能力、掌握制订工作计划、独立决策和实施的能力和准确的自我评价能力以及接受他人评价的承受力并能够从成败经历中有效地吸取经验教训的自我调适能力。

社会能力主要是指一个人的团队协作能力、人际交往和善于沟通的能力。在工作中能够协同他人共同完成工作，对他人公正宽容，具有准确裁定事物的判断力和自律能力等，这是岗位胜任和在工作中开拓进取的重要条件。

个人能力是指求职者要明确自己的能力、优势以及胜任某种工作的可能性。可以由专业职业指导人员帮助分析，根据本人学历状况、职业资格、职业实践等来确定个人职业能力，必要时，可以进行相关测试作为参考。

（7）良好的职业习惯。

良好职业习惯的养成有利于求职者顺利度过职场适应期，同时为今后的发展和成功打下坚实的基础。

①计划工作，及时总结。计划是工作总目标的任务分解历程，它反映了一个人对工作的有序程度。对于自己的工作，不管是学习上的，还是实际的工作内容，都应该学会做计划。大计划、小计划；月计划、周计划、天计划等，计划好的工作内容，就像是一种承诺，需要按步骤有序地按时完成。

工作日志是对每天工作情况的记录和总结。写工作日志，及时地记录每天的工作事项，可以清楚地知道自己每天工作内容，进而及时发现并了解工作的进程，明白工作上的不足与改进提高的方面，从而想办法弥补。长此以往，渐渐地就会形成严谨的工作作风，培养有计划按时完成工作的好习惯，从而提高工作效率。例如，在核对电子邮件或语音邮件之前，每个工作日的头 15 分钟用于写下任务清单。写出清单后，就会清楚地知道，哪些工作是今天必须完成的，哪些工作是今后几天内要完成的，哪些是长远目标，及时掌握工作进度。

②工作分档，量力执行。将工作划分为重要、次重要、不重要等级，并按重要程度分别完成，重要的要先完成，次重要放后面，不重要的可以委托他人帮助完成。在写出了任务清单后，认真考虑一下，如何更好地完成这些任务。从而尽早开展工作，加快完成任务的速度。

③反馈信息，善始善终。每执行一项工作任务时，都要在必要的时间点，将一定内容的完成情况向相关人员进行反馈，比如领导、客户。因为每一项工作任务不是个人孤立的，有很多人与之相关。

④检查验证，不留错误。在提交工作任务前，一定要检查验证没有问题。如果自己无法确信确实无错的话，可找一些专家、学者、技术骨干帮助检查验证。

⑤不断学习，勤于请教。当遇到不懂或不清楚时，要虚心向他人请教，寻求帮助，避免走弯路。克服困难，寻求资源与帮助其实是一个解决困难的良好途径。

（8）积极的职业态度。

职业态度是指个人对职业选择所持的观念和态度，包括选择方法、工作取向、独立决策能力与选择过程的观念。

个人的职业态度，会对其职业选择的行为产生影响，观念正确、心态健全的人，对职业的选择较积极、慎重，做出正确选择的机会较大；相反地，观念不正确、心态不健全的人，对职业的选择具有推诿搪塞、轻忽草率及宿命论的倾向。因此，养成正确的职业态度非常必要。职业态度通常受到自我因素、职业因素、家庭因素和社会因素的影响。

5. 实现职业发展

职业发展是指一个人从能力的获得，职业兴趣的培养，职业选择，直至最后完全退出职业劳动这样一个完整的职业发展过程。或者说是一个人从职业学习开始到职业劳动最后结束的一个旅程。在职业发展的过程中，个体要想进步，就要不断学习，为实现职业顺利发展创造条件。只有不断加强自我职业生涯规划管理，才能保持职业发展有一个良好的方向。作为职场上的新手，更应考虑如何进行职业发展。

（1）正确认识自我，发挥自身优势。

每个人身上都有最优秀而独特的地方，一个人成功与否，取决于他是否能发现自己的优势，并全力将它发挥出来。只有了解自己的优势，最大限度地发挥自己的专长，才能登上人生的绚丽舞台。

我们在认识自己的时候往往陷入误区：我们常常更关注自己的劣势在哪里，却忽视了优势；我们常常更多地考虑自己如何去适应工作，却很少考虑自己适合怎样的工作；我们常常更多地沉溺于对自我的责备中，却很少积极地认同自己；我们常常更多乐于取长补短，却很少灵活地扬长避短。因此，很多时候不是我们缺乏才能，而是没有发现才能。我们只需根据自己的特点，充分发挥优势，依据能力，确定目标，通过正确的途径和方法，必会成就自我。

（2）正视当前环境，及时把握机遇。

刚步入职场的大学毕业生首先必须正视当前所处环境，不要好高骛远，不要有攀比心理，要在不熟悉的环境里磨炼自己的意志和信心，加强学习，增强核心竞争力，为日后的发展打下坚实的基础，这样，一旦机遇来临，就能够及时把握。面对机遇有准备和没准备的人所表现出来的行动和敏感性是有天壤之别的，所以时刻准备，迎接机遇，把握机会。

（3）坚持终身学习，促进职业发展。

教育学家康内尔曾说："现代社会，非学不可，非善学不可，非终身学习不可。"一个人一年不学习，他所拥有的知识就会折旧80%。终身学习理念的提出对职业生涯的发展产生不小的影响，打破了传统"一次性教育可以解决终身教育问题"的观念，使职业生涯的可持续发展、个性化发展、全面发展成为可能。

①终身学习将促进职业生涯的可持续发展。在一个人的职业生涯中，单靠十几年的学校教育是不够的。要使人力资源能够"保值"、"升值"，必须把正规的学习和非正规的学习融合在一起，把学习、劳动与创新结合在一起，职工通过继续教育、回归教育之路，不断更新自身的知识结构，这样才能保证和促进职工的持续发展，同时也促进了职工所服务企业的持续发展。

作为一种把学习贯穿于人的整个一生的思想，终身学习主张学习的连续性和一贯性，不再是儿童或青少年特有的活动，成年人也要不断地学习。职工的职业生涯也不是一次性完成的，而是一个连续不断的发展过程，只有通过不间断的学习，做好充分的准备，才能从容应对职业生涯中所遇到的各种挑战。

②终身学习促进职业生涯的个性化发展。传统学习较少考虑职工的个性及其职业生涯目标的多样化，终身学习的思想破除了划一性的学习，每个职工可以在其职业生涯中随时选择最适合自己的学习形式，通过自主自发的学习使自己和企业得到最好的发展。

③终身学习促进职业生涯的全面发展。由于受各种观念、物力、人力方面的制约，某些企业对职工开展培训中，往往只注意其某个方面，忽略了职工在文化素质、职业技能、社会意识、职业道德、心理素质等方面的全面发展，这就需要我们自己要利用一切教育学习资源，为自己提供连续不断的学习服务，使自己在职业生涯中全面发展。

课后练习

访谈：拜访一位已工作 3~5 年的毕业生，听听他从学校到职场的角色转变和职场适应的感想，并写出自己的心得体会。

第六章

把握机遇　面对创业

向那些疯狂的人们致敬

Here's To The Crazy Ones

他们特立独行，

The misfits，

他们桀骜不驯，

The rebels，

他们惹是生非，

The troublemakers，

他们格格不入，

The round pegs in the square holes，

他们用与众不同的眼光看待事物，

The ones who see things differently，

他们不喜欢墨守成规，

They are not fond of rules，

更不安于现状。

And they have no respect for the status quo.

你可以赞美他们，

You can quote them，

也可以质疑他们，

disagree with them，

颂扬或是诋毁他们。

glorify or vilify them.

但只有一件事你不能做，

About the only thing you can't do，

那就是漠视他们。

is ignore them.

因为他们改变了事物，

Because they change things,

他们推动人类向前发展，

They push the human race forward,

或许他们是别人眼中的疯子，

And while some see them as the crazy ones,

但他们是我们心目中的天才。

We see genius.

因为只有那些疯狂到认为，

Because the people who are crazy enough to think,

自己可以改变世界的人，

they can change the world,

才能真正地改变了世界。

Are the ones who do.

1997年，重回苹果公司担任 CEO 的乔布斯，推出了著名的"Apple Think Different"广告，长达1分钟的广告出现了爱因斯坦、马丁·路德·金、约翰·列侬、爱迪生、阿里、甘地、希区柯克、毕加索等多位历史人物。正如诗中所赞美的，他们是具有独立思想的人；有勇气抛弃世俗的眼光特立独行的人；愿意学习新事物的人；为了追求个人理想而不懈努力的人；想改变世界的人！

在我们生活的国度里，在这个时代中，也不乏这样敢于突破世俗生活的人。

马云，一个对电脑只知皮毛的人，却成为中国最大商务电子的老板。

俞敏洪，一个北大安逸生活的英语教师，创造了"新东方神话"，建立了中国最大的私立教育服务机构。

刘庆峰，一个普通的科大本科生，创办了安徽科大讯飞信息科技股份有限公司，成为我国智能语音技术的创始人。

正是这些疯狂到认为自己可以改变世界的人，才能真正地改变了世界，改变了我们的生活，也创造了自己的一片天地。让我们一起走进创业的激情岁月吧！

第一节 认识创业

当今社会，"创业"已成为最流行的词汇，每年都有成千上万的人加入到创业大潮中。创业是时代的召唤，作为时代的弄潮儿，大学生自主创业也逐步成为一种趋势。要成为一名真正的创业者，作为一个有志于创业的大学生，就必须对创业的内涵、创业的特点、创业教育等有一个清晰的认识。现在，就开始吧……

职 业 故 事

十年前，某艺术高职院校艺术设计专业学生小翟，上学期间由于自己当年高考时专业成绩全省第一而常常被自己以前的美术老师喊回母校，帮助老师对低年级的师弟师妹进行专业辅导。在辅导的过程当中他发现，很多美术专业学生家庭条件比较艰苦，面对美术专业学习需要耗费大量的专业材料，费用成了他们求学的难题。而且美术专业学习要求时间相对集中，路途奔波不适应专业练习。于是小翟及时发现了商机，回到学校后，他和几个关系不错的同学一起租了两套民房，自己开起了画室，专门招收一些想集中时间进行突击训练的学生。他还利用自己大学资源，时常请一些资深的专业教师到他的画室进行指导。另外，对于一些练习不错的色彩作业他还通过二手书画市场进行处理制作成简单的装饰画，费用返还给用心学习的学生。他的画室在不到两年的时间便以过硬的专业教学、全面周到的服务吸引了很多来自乡镇的学生。小翟和他的同学也成功地淘到了第一桶金。

透 过 现 象

很多大学生认为创业是一件困难的事，尤其是高职高专的学生，认为自己缺乏高深的专业知识，创业不过是天方夜谭。而小翟——一个高职院校的学生，他的成功说明了只要具备善于发现的眼睛，敢于尝试，创业并非不可能。尤其随着我国体制的改革，文化事业及文化产业的实力、活力和竞争力都明显增强。文化产业及文化服务业的大众需求也日益强烈。所以在这样的大好形势下，艺术专业的学生进行创业面临巨大机遇。

专 家 评 述

一、创业的概念

创业是指个人或团队发现了一定的商业信息和机会，通过资源的整合，将商机转化成一定的生产力，从而创造出源源不断的价值，并且形成良好的循环。创业有狭义和广义之分。狭义的创业是指创业者的生产经营活动，主要是开创个体和家庭的小业。广义的创业是指创业者的各项创业实践活动，其功能指向是成就国家、集体和群体的大业。创业者不仅能为自己创造就业机会，还能为他人提供就业机会。

创业是创字当头，业为基础。这就意味着任何一项事业都是一个由无到有、由小到大、由简到繁、由旧到新的创造过程。

二、创业的特点

创业具有必然性。知识经济时代的到来为人们提供了广阔的自主创业的思维空间。在知识经济时代，传统的产业部门将逐渐被新的产业部门取代，新的资源与新的资源配置方式也将出现。很多人尤其是大学毕业生凭借自身的智慧和能力，勇敢地走上创业之路，实现自己的人生价值。

创业具有层次性。创业是一个动态的发展过程，通常会经历三个阶段：初始式创业、发展式创业和高新式创业。

创业具有艰巨性。创业是一个艰辛的历程，不能一蹴而就。从外界环境而言，创业过程会受到政策因素、地理位置、人脉关系、资金等影响；从个人角度而言，创业者需要具备一定的创业素质，如：创新精神、自信、坚韧、执行力等。创业素质不是与生俱来的，可以通过后天的训练不断完善。这个过程也需要不断地付出和努力。

创业具有自主性。自主性是创业的根本属性。创业活动是一项风险较大、可能面临失败的创新性活动，需要创业者充分发挥自身的潜能才有可能实现。主体创业意识的强弱是创业能否取得成功的一个重要指标。这就需要创业者提高自觉意识、摆脱精神束缚、坚定信念、立志创业。

创业具有自律性。创业者既是创业主体，又是社会成员，在社会实践中，必须遵纪守法，增强自律性和社会责任感，最终将实现个人价值与社会价值相统一。

三、大学生创业的意义

（1）有利于缓解大学生就业压力。大学生自主创业不仅可以解决大学生自身的就业问题，还能为社会增加就业岗位，解决他人就业的问题。

（2）有利于大学生自我价值实现。大学毕业生通过自主创业，可以把自己的兴趣与职业紧密结合，做自己最感兴趣、最愿意做和自己认为最值得做的事情。在五彩缤纷的社会舞台中大显身手，最大限度地发挥自己的才能，并获得合理的报酬。只有提高大学生创业的比例，整个社会才能形成创业的风气，才能建立"价值回报"的社会新秩序。

（3）有利于大学生自身素质的提高。通过创业与创业实践，大学生可以充分调动主观能动性，改变自身就业心态，自主学习，独立思考，并学会自我调节与控制。大学生在创业过程中，困难、挫折都难以避免，所有的创业者都必须经历这些，从而培养起自立自强意识、拼搏精神和艰苦奋斗的精神，提高自身综合素质。

（4）有利于培养大学生的创新精神。创新是一个民族的灵魂，是一个国家兴旺发达的不竭动力。青年大学生作为中国最具活力的群体，如果失去了创造的冲动和欲望，那么中华民族最终将失去发展的不竭动力。大学生的创业活动，有利于培养勇于开拓创新的精神，把就业压力转化为创业动力，培养出越来越多的各行各业的创业者。

四、创业教育的内涵

创业教育是 1989 年联合国教科文组织在研讨面向 21 世纪国际教育发展趋势时，提出的一个全新的教育概念，又称"第三张教育通行证"，是证明一个人的事业心和开拓能力，和学术教育、职业教育具有同等重要的地位。

创业教育是培养学生创业意识、创业素质、创业技能的教育活动，同时培养学生如何适应社会生存，提高能力，以及进行自我创业的方法与途径。开展创业教育，并不是要求每个大学生都去开办企业，而是教会学生具有创业的意识和精神，同时具有企业家的思维方式。国际劳工组织 KAB 项目全球协调人克劳斯说，"创业教育的主要目的是让学生有创业的理念，同时，让学生觉得自己能够创办自己的企业。"创业教育的内涵包括：

第一，创业教育是一种企业家精神教育。创业教育理念的核心是培养学生的"企业家精神"——机遇意识、创新精神和理性的冒险精神。在高校实施创业教育就是要实施基于创业教育理念的企业家精神教育。

第二，创业教育是高层次、高质量的素质教育，是培养大学生创业意识、创业精神、创业能力的通识教育，其不仅要培养学生创业，更要使学生学会如何主动地获取新知、创造新知，将知识转化成现实的个人价值和社会价值，最终实现知识的最大效用。

第三，创业教育是一种创新式的教育理念。高校创业教育不仅是教育方法的改革或教育内容的增减，更是教育功能的重新定位，是带有全面性、结构性的教育革新和教育发展的价值追求，是一种反映时代精神的、以培养创新创业人才为价值取向的新的教育思想和教育理念。

第四，创业教育是一种新的生产力。"科学技术是第一生产力"，通过创业教育，能造就大批具有创新精神和创造能力的人才，他们运用掌握的知识和技术创办企业，将科学技术转化为劳动的生产力或物质的生产力，直接提高了科学成果的转化率，极大地促进了高科技产业的发展。

五、开展创业教育的意义

1. 我国当前紧迫的就业形势的需要

目前，我国高等教育已经开始步入大众化教育时代。大量的毕业生面临择业的难题，就业形势严峻。通过实施创业教育，帮助树立科学的择业观、就业观、创业观，培养他们的创业意识和良好的心理品质，同时加强学生创业方法和技能的教育，鼓励毕业生自主创业，不仅能解决自己的就业问题，而且能够为其他人提供就业岗位，从而缓解就业压力，实现党中央提出的"促进创业带动就业"的目标。

2. 有利于学生规划职业生涯

加强创业教育，并不是鼓励学生都去创业，目的是帮助学生对创业树立全面的认识，切实提高其创业意识和创业能力，培养有创业精神的青年人才，达到"就业有实力，创业有能力"的成效。通过创业教育，可以让同学们充分利用大学的时光，根据自己的个性、爱好、特长制定实施职业规划，学习专业知识，提高综合素质，注重个性发展，发挥自身的优势，使自己在激烈的就业竞争中立于不败之地。当前，很多用人单位在注重员工吃苦耐劳精神的同时，也逐步地对员工的创新能力和创新意识等综合素质进行考核，因此具有创新意识和能力的毕业生将会拥有更广阔的发展空间，更有利于其职业生涯目标的实现。

3. 实现大学生全面发展的本质要求

大学生全面发展的综合素质应该是：知识、能力、创业意识集于一身。开创一个企业或一番事业，并使其不断发展壮大，正是实现人的价值，满足自我实现需要的途径。在大学生中开展创业教育，旨在培养、提升学生的综合素质，使学生视野开阔，胸怀旷达，知识面广，既懂专业知识，又有组织能力和良好的合作精神。开展创业教育有助于实现人的全面发展，也是实现人的全面发展的本质要求。

第二节　创业的内外部条件

创业不是简单地做自己的老板，而是一项系统的工程，创业能否成功，主要取决于两个因素，创业者和创业环境。创业者是创业的主体，创业者的素质和能力是创业成功的第一要素。同时除了自身的内在素质外，外部环境也很重要。认真分析、审视当代大学生的创业环境，可以获得无限的机会和无量的回报。

职 业 故 事

小张，某大学工程管理系大四学生，曾是该校大学生创业大赛"创业之星"候选人之一。

创业——卖报纸多赚了"一碗拉面"

"大学生创业能干点什么？我想多数还是从卖电话卡等小事开始的。"从大一开始，她就开始尝试"创业"。

"说到我的第一桶金，我觉得象征意义更明显一些。"小张刚上大一的时候，军训完毕的舍友们一起在校园里遇上了某家学习报的销售人员，正找帮忙销售报纸的学生。"可以挣到15元钱，她们都不愿意去，我去很快就卖完了，得到了我的报酬，那人还请我吃了一碗牛肉拉面。"虽然所获不多，但是小张开始觉得，自己可以尝试在校园里干点什么。

"后来我成了那家报纸的校园代理，也接了更多产品在校园里代理。"

发展——发起校园市场突击战

刚上大二，小张开始把目光瞄上了"学生旅游"。"学生们爱玩，经常集体出游，于是我想，可以组织他们一起去玩，跟旅行社合作得到部分返点，双方都会有收益，也能保障同学们出游的安全。"小张先是做了"世纪欢乐园"的校园代理，然后开始自己联系旅行社合作、联系景区，慢慢地，她"垄断"了学生出游市场，也开始发展外校代理。

因为校园里分散的"旅行代理"并不少，小张面对竞争的方式是"低利润，持久战"。

"每月就是赚个千元左右，但是别人坚持不下来，我能坚持，慢慢地，市场就都是我的了。"聪明的小张并没有像其他创业者一样进行大量初始投资，而是用自己的"资源整合"开辟天地。

目标——想创"中国校园第一品牌"

因为业绩突出，小张获得了由省委宣传部、团省委、省劳动和社会保障厅、省教育厅、省总工会等单位联合举办的"2007创业之星"荣誉称号。她也是其中唯一一个在校大学生创业者。

"校园的市场很大，我只要把校园这一块做好，就够我成功N次的。"目前，小张开始把原来的业务集中起来，并通过"中国大学生创业网"的支持，注册了"校园风"商标，有意打造"中国校园第一品牌"。

经验——大学生创业最好"顺应环境"

小张对于"大学生创业"的经验是：从身边的事做起。"不少大学生有创业的意识，会想到去开饭店、办实体，其实我们的社会经验少，这些不一定适合，不妨从身边自己熟悉的环境做起，做自己擅长的项目。"小张说，自己的创业经历比较顺利，与这种"顺应环境"的观念不无关系。

透过现象

通过这个案例，我们可以清楚地了解到，创业并不一定都是刚开始就干得轰轰烈烈，在小张的创业旅程中，她自身既具备了创业者的基本素质，有毅力，能吃苦，善于发现。同时能够认识到创业环境的重要性，正确分析所处创业环境，顺着环境进行创业，把握身边的机遇，从身边的小事做起，做自己擅长的项目，这也是她创业成功的关键。

专家评述

一、创业者的素质

1. 创业者

什么样的人属于创业者？从词源来看，创业者，英文为 entrepreneur，和企业家为同一词，意为在没有拥有多少资源的情况下，锐意创新，发掘并实现潜在机会的价值的个体。创业不是从拿着准备计划书开始，而是从你发现自己梦想并开始着手打造自己的时候。大学无疑是这个梦想开始的最佳地，从此处起航，认识创业，完善自我，发现目标，最终走向创业之路。

2. 创业动机

动机在心理学上是指引起、指向与维持个体行为活动的内在动力，是一切行为的内驱力。而动机是兴趣与需要的产物，先有兴趣与需要，而后才可能产生动机。一个人只有具备创业兴趣与需要，才会形成创业动机，进而才可能出现创业行为。创业兴趣越浓厚，创业需要越强烈，越有可能产生创业动机，进而出现相应的创业行为。可见，兴趣和需要是创业者的原动力。

兴趣不是与生俱来的，很多人把自己职业选择的失败归咎于没有发现自己的职业兴趣，认为成功的人恰是遇到自己感兴趣的工作。而后激发热情，干出一番事业。其实兴趣是发展变化的，是从"有趣"到"乐趣"再到"志趣"的过程。比如说职业球员，小的时候偶尔接触足球，觉得很有趣，投入的时间越多，越从中感到"乐趣"。如果仅到此，不过是我们平时所说的"业余爱好"而已。但其中就会有些人，因为几次比赛的成功或被教练赏识，受到正暗示，开始花更多的时间在踢球上，最后把足球作为志趣，成为职业球员。其实我们很多大学生在专业选择上也是这样。一开始可能不了解这个专业，但学的过程中，成绩优异，获奖频频，就会越来越喜欢，直到成为终身的职业。所以兴趣是发展变化的，我们没有发现自己的创业兴趣，除了一些人性格本身就不喜欢挑战以外，还有很大一批年轻人是没有去增加社会实践，没有经历过挑战，如何去收获成功的喜悦，没有成功的喜悦，怎么会感受创造的乐趣，没有创造过成功的人，有何对创业感兴趣。

成就需要，一个创业者希望干一番事业主要不是为了获得社会承认或声望，而是为了达到个人内在自我实现的感觉的满足。创业者希望承担决策的个人责任，在解决问题、确立目标和通过个人的能力达到这些目标时个人负有责任；喜欢具有一定风险的决策；对决策结果感兴趣，不喜欢单调的重复性工作。正是这种成就的需要使得创业变为一种寻求的生活状态。

创业动机是创业的原动力，是衡量一个大学生能不能开启创业之门的首要元素。一个没有创业动机的人即使才高八斗也不会跨入创业的洪流之中。在我们蓄积完创业动机之后，我们要开始自己的创业身心准备了。

3. 创业者需做的准备

（1）心理准备。

有人说，"创业是勇敢者的游戏"。勇气的确伴随着创业的始终，它是面对困难，做出抉择的力量。但仅仅只有勇气是不够的，一个合格的创业者要锤炼很多的心理素质。

"自信"：自信是一个人成就事业的基础。对于初创业者来说，要相信自己，执著于自己所追求的事业。要坚信自己能够合理利用有利因素，能够战胜不利因素，最终获得成功。

"开放的心态"：现代社会新事物层出不穷，创业者要能认识到自己的局限性和改进的必要性，意志坚定但不拒绝改变，必要时勇于变革和敢于承担责任。

"勇于承担风险的胆识"：创业征途中充满了各种风险，创业者要有冒险精神，要能承受风险和失败。只有敢于承担风险，创业者才能大胆创新，"铤而走险"，实现自己的创业梦想。

"不放弃，不抛弃的创业精神"：有坚强的毅力，不惧怕失败。即使经过多次失败的打击，也要坚强地站起身来。坚信人生没有永远的失败，也没有战胜不了的困难。只要有信心、勇气和不屈不挠的精神，以积极的态度去迎接挑战，就能度过创业的难关，最终取得辉煌。

"真诚的心"：要将真诚投入创业中，待人以善，对待你的团队，对待你的客户，让每个人都感受你的热情，这样你会积累很多。

"清晰、冷静的洞察力"：对自己的创业目标要有一个科学规划，自己的每一步行动都要经过仔细、慎重的考虑。洞悉自己的长处与不足，清楚自己能做什么，能做到什么程度。自身的长处要善于发挥，着眼点要立足于未来，对未来要有科学的预测和准确的判断。

除了以上的心理素质，创业者还要有耐心、稳重、探索等心理素质。总之，在大学里我们要通过多种途径来锤炼自己的心志。只有具备创业的心理素质，才能面对创业的艰辛，开创创业坦途。

（2）行为准备。

行为是一个人心理的外在表现，但不是每个行为都有着复杂的心理过程。优秀行为的表现是一种习惯，是长期养成的身心定式。比如说，一个人温文尔雅的行为举止并不是完全靠心理不断调试来保持的。这是一种长期习惯的养成。对于一个准备创业的大学生，你的行为习惯对事业有着重要的影响。创业者需要具备的行为方式上主要有勤学好问、坚持不懈、灵活应变、吃苦耐劳和良好的道德等特点。

"勤奋好学"：一个想创造的人，就不能满足于现状，要经常意识到能将事情做得更好，渴望并从不放弃学习和改进的机会。

"坚持不懈"：执著于直接的创业目标和信念。只有专心致志、锲而不舍，才能克服在通往成功道路上的危机和障碍。

"灵活应变"：灵活应变指的是创业者对创业方法和路径的选择，要一切从实际出发，根据环境的变化对创业活动做出相应的调整。

"吃苦耐劳"：创业的成功需要坚忍不拔、顽强的毅力、吃苦耐劳的执著精神以及甘于奉献的献身精神。只有具备吃苦的精神，创业者才能挺过创业的艰辛，取得创业的成功。

"良好的道德"：没有良好的品德，时刻只为自己的个人利益，肯定不会创立起企业；即使能够建起企业，最终也难免昙花一现，生命力不会长久。诚信、诚实、诚恳是创业者和创业团队的道德要求。

行为是一个人的名片，呈现于社会群体生活中，良好的行为方式总是给我们带来更多的朋友和机会。而行为的养成是一个潜移默化的过程，需要从平时积累，注意保持良好的习惯，遵守社会道德准则。大学阶段，随着知识的摄取，素质的提升，个人的良好行为方式更容易形成，所以要好好把握这个阶段。

（3）知识准备。

一天，比尔·盖茨在西雅图大街上掉了一张 1 万美元的支票，但他懒得去拣。因为他目前的财富增长速度是每秒 2 500 美元，而弯腰去捡那张支票至少耗时 4 秒钟，4×2 500 也就是 1 万美元啊！比尔·盖茨是以知识为资本的"知本主义"时代的宠儿，他为人类开创了"盖茨之年"，使自己成为"比上帝还富有的人"。他 19 岁的时候以 3 000 美元起家，在自己的车库创办微软公司。10 年之后，他就成为数亿元富豪，又过了 10 年，他又成为数百亿富豪。而安德鲁·卡耐基炼了 30 多年钢，才不过修炼成为百万富豪。这就是知识的力量，也是这个时代创业的特征。西方国家大学生创业主要走高科技创业的路线，而目前我们很多大学生创业都是从开网店、专卖店等知识含量较低的方式起步。当然，其中的原因是诸多的。但对于一个有着远大创业抱负的大学生来讲，大学里知识的汲取是十分重要的。不仅包括专业知识，还有很多与创业有着密切关系的基础知识，如政治学、人才学、组织学、行为科学、经济学、计算机应用、逻辑学、法学、会计学、统计学以及心理学等。这些基本知识为创业者正确分析企业内外的环境和自己的优势、劣势，预测行业的发展趋势奠定了基础，是创业活动开展的必备智力条件。

"专业知识"：专业知识是我们大学学习的重要内容。通过系统的学习我们对所学专业有系统的了解和深刻的理解。精通一门专业可以为创业拓开一条道路。很多优秀的成功创业者正是依托自己的专业，逐渐走向尖端的。

"基础知识"：很多与创业有着密切关系的基础知识十分重要，如政治学、人才学、组织学、行为科学、经济学、计算机应用、逻辑学、法学、会计学、统计学以及心理学等。这些基本知识为创业者正确分析企业内外的环境和自己的优势、劣势，预测行业的发展趋势奠定了基础，是创业活动开展的必备智力条件。

"补充知识"：一个优秀的创业者不仅是开拓者，更是管理者、领航者。他所要具备的知识涉及很多方面，如人力资源管理、市场营销管理、财务管理、战略管理、生产管理、物资管理、技术设备管理、质量管理、经济核算、系统工程、领导科学及决策论等方面的知识。远大的理想要被深厚的功底所承载，不能建立在空想上，作为刚刚走上创业之路的大学生，事业要发展，公司要腾飞，自己就要不断学习，驾驭未来。

二、创业的要素

创业的要素包含很多，创业者、商业机会、自筹、技术、人力资本等，主客观因素都不可缺。我们针对艺术专业学生的创业特点提炼了三个要素：

（1）创业主体。这里的创业主体主要指创业者，它可以是个人，也可以是团队，他（他们）在整个创业过程中起着主要的作用，这种作用主要包括识别商业机会、创建企业组织、融资、开发新产品、获取和有效配置资源、开拓新市场等。如：他们发现商机，可以根据市场需求做出一系列的举动，研发新项目，进行资源整合，熟悉了解市场，开拓市场，进行有效有益的市场运作。因此创业主体的素质和能力是创业成功的第一要素。

（2）创业资本。资本绝非仅指资金，资金不是创业的唯一资本，文化产业及创意产业更甚灵魂资本，领域核心技术或与其关联的服务性才是资本的关键。智慧、能力是资本投入的关键所在，是更具有价值的资本形式。不要被资本的物质性束缚了手脚。

（3）创业价值。任何一项产业必然要通过产生一定的社会价值，如完成产品的服务性，完善产品流通过程中的社会价值，这就是创业者自身对社会的责任，也是其创业成功的必然要素。

三、创业的外环境

所谓创业外环境，实际上就是创业活动的舞台，任何创业活动都是在一定的社会环境下进行的。对于一个创业者来说，环境起着举足轻重的作用。它作为创业的载体，支撑着创业活动的正常运行。每一个创业者都应当审时度势，对当前所处的环境进行细致的分析，使自己的思想和行为符合它的要求，以便依据环境的变化决策与调整创业活动的具体计划。在中国这片热土上，成功创业的例子不胜枚举。究其原因，创业者个人的素质当然是最根本和不可或缺的因素，然而，我们站在时代的大背景下，用宏观的眼光来审视，国家的政策、法律法规和创业资金来源等方面的保障也是优秀创业者不断涌现、创业企业成功的必然条件。

大学生创业是在一定的环境下进行的社会实践活动，创业环境的好坏直接影响到大学生创业活动的成效。大学生创业外环境可概括为以下五个维度（参见图6-1）：

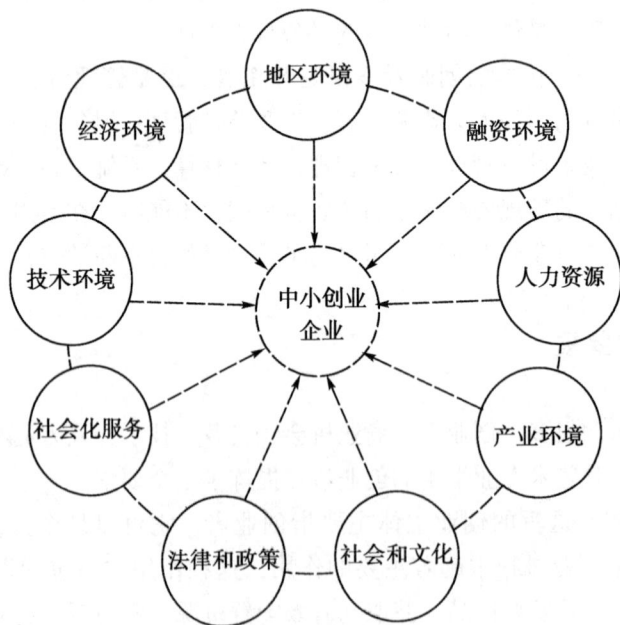

图6-1　中小企业环境资源

（1）政策环境，包括政府在新创企业设立、信贷、税收、知识产权保护、规范市场行为等方面的政策以及政府的行政服务质量等；

（2）经济环境，包括整个国民经济的发展水平、创业企业所处的地理位置及其基础设施、创业企业目标客户群体的收入和购买力情况等；

（3）教育和培训环境，包括高校对大学生创业的支持、创业教育以及政府和社会中介机构等开展的大学生创业和商业技能培训等；

（4）融资环境，包括创业专项扶持基金、风险投资、金融机构贷款等对创业的支持力度和获得的难易程度；

（5）社会文化环境，包括社会公众对创业的态度和对创业失败的宽容、家人和亲朋好友的支持、媒体的舆论导向以及社会诚信状况等。

我们可以将五个维度归纳为四个环境：第一是政策环境，包括国家和国际政治、经济、技术、法律等环境。第二是地区环境，指创业企业所在地区的区域政策、经济、社会和人文环境等。第三是行业环境，指创业企业所提供的产品或服务所属行业的状况。第四是创业的软环境，有两层含义：一是指创业文化，即鼓励冒险、允许失败的文化氛围；二是指针对创业的中介服务。

1. 政策环境

政府职能部门、经济政策、技术进步、法律法规等宏观因素无疑对新企业的创办、生存与发展产生重要影响。从创业的政策环境来看，要本着规范新创企业健康有序发展的角度，不断调整，松紧有度。制度太松、规范不细，容易导致资金、技术以及产品和服务等社会资源的无效或低效配置和浪费，起不到企业为经济增长、科技创新等方面的推进作用。世界各国在鼓励和支持创业的同时，也都在制度、政策等方面进行不同程度的限制，以抑制不良创业对社会资源的浪费；但在另一方面，如果制度过严，比如审批程序过于烦琐，筹资渠道过于狭窄和苛刻，税、费名目繁多，市场经济秩序和公平竞争环境不好等，容易导致企业创办难、生存难，最终伤害创业者的积极性，也限制企业在经济增长中的作用。

2003年6月，国家工商行政管理总局发布《关于2003年普通高等学校毕业生从事个体经营有关收费优惠政策的通知》后，北京、上海、重庆、天津、辽宁、湖南、福建、江西、浙江等省市区纷纷出台了相关政策。2006年1月，财政部和国家发改委下发了《关于对从事个体经营的下岗失业人员和高校毕业生实行收费优惠政策的通知》。另外，在教育部《2006年高校毕业生就业工作六项措施》中，在注册登记、资金支持、人事档案制度、教育培训等方面也做出了诸多规定。2008年10月，国务院办公厅转发人力资源社会保障等部门为贯彻落实党的十七大提出的"实施扩大就业的发展战略，促进以创业带动就业"的总体部署，对促进以创业带动就业工作提出《关于促进以创业带动就业工作指导意见的通知》（国办发［2008］111号）。具体来说，这份指导意见给创业带来七大利好消息。

国家采取措施促进5类人员创业：重点指导和促进高校毕业生、失业人员和返乡农民工创业。力争用 3 年到 5 年的时间，实现劳动者创业人数和通过创业带动就业人数的大幅增加，基本形成促进以创业带动就业的政策体系，使更多有创业意愿和创业能力的劳动者成功创业。通知要求，各地区要紧密结合地方的优势产业、特色经济，确定鼓励创业的产业指导目录，制定扶持政策，鼓励创业者进入国家和地方优先和重点发展的科技型、资源综合利用型、劳动密集型、农副产品加工型、贸易促进型、社区服务型、建筑劳务型和信息服务型等产业或行业。

国家允许初创企业注册资金分期到位：对初创企业，可按照行业特点，合理设置资金、人员等准入条件，并允许注册资金分期到位。放宽市场准入，加快清理和消除阻碍创业的各种行业性、地区性、经营性壁垒。法律、法规未禁止的行业和领域向各类创业主体开放，国家有限制条件和标准的行业和领域平等对待各类创业主体。在法律、法规规定许可的范围内，按照法律、法规规定的条件、程序和合同约定允许创业者将家庭住所、租借房、临时商业用房等作为创业经营场所。

4 类人员从事个体经营 3 年内免收有关行政事业性收费：登记失业人员、残疾人、退役士兵，以及毕业 2 年以内的普通高校毕业生从事个体经营的，要按有关规定，自其在工商部门首次注册登记之日起 3 年内，免收管理类、登记类和证照类等有关行政事业性收费。

创业者将得到更多能力培训：健全创业培训体系，将有创业愿望和培训需求的人全部纳入创业培训的对象范围。同时，加强普通高校和职业学校的创业课程设置。还提出提高创业培训质量。要求通过规范培训标准、提高师资水平、完善培训模式，增强培训针对性，不断提高培训质量。建立创业孵化基地，要求优先保障创业场地。同时，可在土地利用总体规划确定的城镇建设用地范围内，或利用原有经批准的开发区建设创业孵化基地。

创业者将拥有更多融资渠道：积极推动金融产品和金融服务方式创新，支持推动以创业带动就业。积极探索抵押担保方式创新，对于符合国家政策规定、有利于促进创业带动就业的项目，鼓励金融机构积极提供融资支持。全面落实小额担保贷款政策，创新管理模式，提高贷款服务的质量和效率，并进一步加大对符合条件的劳动密集型小企业的支持力度。建立健全创业投资机制，鼓励利用外资和国内社会资本投资创业企业，有条件的地区可设立各种形式的创业投资引导基金，引导和促进创业投资企业的设立与发展。

创业者将得到更好市场环境：全面实行收费公示制度和企业交费登记卡制度，禁止任何部门、单位和个人干预创业企业的正常经营。简化审批、办证手续，开辟创业"绿色通道"。进一步清理和规范涉及创业的行政审批事项，简化立项、审批和办证手续，公布各项行政审批、核准、备案事项和办事指南，推行联合审批、一站式服务、限时办结和承诺服务等。全面落实鼓励创业的税收优惠、小额贷款、资金补贴、场地安排等扶持政策。

创业者将享受更多公共服务：根据城乡创业者的需求，组织开展项目开发、方案设计、风险评估、开业指导、融资服务、跟踪扶持等"一条龙"创业服务，建立创业信息、政策发布平台，搭建创业者交流互助的有效渠道。通过上门服务、集中服务、电话服务等多种形式，为创业者提供个性化、专业化的开业指导和咨询服务。建立创业者信息管理服务系统，设立创业服务热线，接受创业者的咨询和投诉，提供及时有效的后续服务和跟踪指导，注重对创业失败者的指导和服务，帮助他们重树信心，再创新业。

2. 地区环境

相对政策环境而言，地区环境的"小气候"也至关重要，比如所在地区发展状况、区域优惠政策、人文环境等，直接影响到创业的成败。一个企业对一个地区的贡献包括营业额、员工数量和纳税额，以及对当地产品原材料的需求、客户及员工对当地第三产业的需求等，企业为地区经济发展做出了贡献，就更容易得到该地区的支持和客户的忠诚，也就更容易赢得有利发展的气候条件。创业者在创业之前要对地区环境仔细评价，比如，创业者对该地区的熟悉程度、创业者在该地区的影响力、拟创办的企业将在该地区产生的正面与负面影响、创业者及其管理团队是否有能力和有明确的实施步骤来加强该地区有关力量对企业的支持和创业机会的最大化、可以采取什么有效的措施遏制该地区对拟创办企业的不利因素等。

3. 行业环境

行业环境对决定拟创企业的选项、企业定位、产品定位、营销方式定位、经营管理方式定位以及选用什么样的员工十分重要，是创业成功与否的关键。分析行业环境又非常复杂，可以抓住两方面关键性的问题，即行业内的竞争程度及变化趋势和行业所处的生命周期与发展阶段。具体讲，有以下几方面问题：

（1）对于竞争者，竞争者包括现实的和潜在的。评价竞争者要评价数量、规模和特点，从而判断行业的竞争程度和竞争对手的实力、优势和劣势。评价的方式是动态的，判断竞争者各种因素随时间推移而改变。

（2）对于客户，评价客户主要是数量、特点和态度。客户数量标志企业产品或服务的竞争力和市场占有率，是企业的生命线；客户的特点决定企业营销和竞争的方式，有个体客户、团体客户、中间商、最终消费者等；客户的态度决定创业者进入这个行业参加竞争的难易度。了解客户，争取客户，是企业这个"蓄水池"的进水口，也是经营管理的最终目标。

（3）对于供应商，供应商向行业内的企业提供原材料、零部件等投入性资源，直接影响企业的成本，最终决定收益。创业者要评价所在行业提供产品和服务的供应商的数量、特点和态度。数量多少决定供应商的垄断性和在商务谈判中应该处的地位、特点和态度，关系到原材料的稳定性和融洽程度。

（4）市场规模，行业由产品和服务组成，而任何产品都要经历一个从出生、成长、成熟到衰退的生命周期。选择创业行业，要选准具备一定市场规模的产品和服务。了解该产品过去的市场规模，可以判断该行业是处在快速、平衡还是衰退的状态，从而决定开发什么样的新产品，以引起更快的市场增长，争取商业机会。

（5）行业的稳定性，企业往往受国家经济形势影响很大，而国家经济发展往往出现周期性的被动，为降低企业受宏观经济环境的影响，增强企业抗干扰能力和稳定性，创业者要对行业的稳定性进行评价，争取"先知先觉"，提前预防，确保企业稳定、健康发展。

（6）行业成功因素，产品、技术和市场创新，政府政策，市场需求，消费者生活方式等因素都是成功的因素，考察行业内企业成功经验和失败教训，借前车之鉴，少走弯路，是新创企业的"后来居上"的先决条件，创业者应该认真评价，深入分析，虚心吸取。

4. 创业的软环境

（1）创业文化。创业文化是构筑创业环境、形成社会性的创业氛围的支持因素之一。创业必然会与风险相随，创业者又何尝不是冒险者。在美国，成功的创业者会得到很高的评价，人们认可创业是自我价值的实现，这就营造了一个良好的舆论氛围，也是对创业者在精神上的支持。美国"考夫曼企业家领袖中心"1999年的一份研究报告显示，有91%的美国人认为创办自己的企业是一项令人尊敬的工作。在国内，最初的时候对大学生创业众说纷纭，但现在各界在大方向上已形成共识，创业已得到普遍认可。在鼓励冒险的同时，宽容失败的文化氛围也是相当重要的。事实上，在美国这样的有强烈的创业价值取向的环境中，即便是创业失败，也不会受人耻笑、遭人白眼。在硅谷精神中，很著名的一条就是敬佩成功者，尊重失败者。即便是风险投资商也拥有宽容的心态，并且会鼓励失败者继续探索，当然前提是你失败的次数不要太多。"经历过失败的人更有投资价值"、"因为我们非常看重一个管理者的经验，他失败过，他便有了宝贵的经验，就有可能在新的创业中，避免以前的失误，也就更容易成功"，这些都是美国风险投资商的见解。在国内，认可、鼓励创业的舆论环境业已形成，但人们对于失败还是很敏感的，无论是创业者、媒体还是舆论，都还很难以平常心看待，正所谓"一世英名，付诸东流"，一次从市场的角度来看很平常的失败很可能就会在社会上引发讨论的轩然大波，这对创业者的心态也是不利的。荷兰小企业家协会曾表示："在荷兰，失败一次可能就意味着永远失败，不仅银行不再会信任你，亲朋好友也会瞧不起你。在美国，你自己办了公司，只需承担金钱的风险，而在欧洲，你却要承担一生的风险。"在国内也存在类似的倾向，或许不像上文所描述的那样严重，但对于大学生创业者，在行动上和心态上都应当做好一旦失败如何去承受、去面对的准备。毕竟，一种文化的形成和社会心理的改变需要更长的时间。

（2）中介服务。中介服务机构指那些不直接参与生产，但为产品和服务的交易提供服务的专业服务公司或机构，包括各类商业银行、投资公司、产权交易市场、信息服务机构、会计师事务所、律师事务所、技术中介、市场调查公司、咨询公司、人才服务机构、公关公司、资产评估机构、公关及广告服务公司等，风险投资商也可算是其中的一员。企业不可能也不应该成为内部应有尽有的巨无霸，在分析成本和收益的基础上将部分工作外包出去是明智之举，中介服务机构的价值正在于此。管理和市场经验，是大学生创业者很欠缺的，同时，无论从财力、效率还是公司发展来看，一家创业企业又不可能一开始就构建一个全能的工作班子，因此充分利用外部专业服务公司提供的服务，是弥补以上缺憾的最佳方式。在美国甚至可以由风险投资公司提供企业政策咨询，推荐董事及员工，进行全方位的孵化，包括帮助一个小公司建立起它的领导队伍、行销渠道，扩大市场占有率和关系网。

此外，某些可以由创业团队完成的工作有时也应当交给专业服务公司来做。比如为争取风险投资，在写商业计划书前可能需要进行市场调研，对于风险投资商来说，如果调研的规模比较大，由市场调查公司做出的结果比创业团队自行进行的调研更客观，也更可信。当然，对创业者来说，成本很可能也跟着上去了。目前国内的中介服务体系虽已建立，但水平普遍不高，很多中介机构的从业者并不是熟悉创业者所从事行业的专家，相应的市场规范也未形成，咨询、信息服务等更是薄弱环节，对于创业者来说，既要有利用中介服务的意识，也要谨慎选择专业服务公司，有些事情恐怕最终还要由自己来完成。

另一种与大学生创业有关并值得我们注意的服务性机构是"孵化器"，也叫做"创业中心"、"创业园"。孵化器于20世纪50年代发源于美国，是伴随着新技术产业革命的兴起而发展起来的。孵化器在孵化和培育中小型科技企业方面发挥了重要作用，到1999年，世界上已经有了3 000多家孵化器。孵化器的类型很多，例如大学孵化器，目的是把大学的科研成果产业化；政府孵化器，目的是帮助解决本地方的就业；企业集团孵化器，目的是为企业集团开展策略投资；等等。一般来讲，孵化器主要是为有发展潜力的创业企业提供便宜的房子、简单的办公条件和相关的服务，便于创业者创业以及创业企业的发展。很多孵化器并不把盈利作为主要目的，有些甚至会出现不能自给自足的情况。国内各省市近年来均建立了一批孵化器，包括专门面向大学生创业的，很多高校都建立了自己的科技园或创业园，最典型的就是清华创业园。孵化器的出现，为大学生创业提供了一系列基础条件和创业环境。

四、艺术类学生创业环境

中国的艺术教育也已经有很多年的历史，从曾经培养单一的高精尖的艺术人才到今天，随着时代的发展，培养单一人才已经远远不能满足市场的需求。我们还需要培养一专多能型的复合人才。如何在充满机遇与挑战的文化市场下找到适合自己的发展定位，创业对艺术类学生而言可能更是一个多彩的舞台。

党的十七届六中全会吹响了建设"文化强国"的号角。建设"文化强国"的根本要义，就是要着力推动社会主义先进文化更加深入人心，推动社会主义精神文明和物质文明全面发展，不断开创全民族文化创造活力持续迸发、社会文化生活更加丰富多彩、人民基本文化权益得到更好保障、人民思想道德素质和科学文化素质全面提高的新局面，建设中华民族共有精神家园，为人类文明进步做出更大贡献。其中重要一点就是在全社会形成崇尚人才、崇尚创意的氛围，文化发展繁荣才能落到实处。

文化生产力即生产文化产品或提供文化服务的能力，在当代文化生产力已经成为庞大的综合国力体系的一员，在市场经济发展的今天，文化产业发展程度已成为综合国力的考量标准之一。文化创意产业已成为创业的一个主要途径，也为广大艺术类学生入世搭建了市场通道。

文化创意产业（Cultural and Creative Industries），是一种在经济全球化背景下产生的以创造力为核心的新兴产业，强调一种主体文化或文化因素依靠个人（团队）通过技术、创意和产业化的方式开发、营销知识产权的行业。文化创意产业主要包括广播影视、动漫、音像、传媒、视觉艺术、表演艺术、工艺与设计、雕塑、环境艺术、广告装潢、服装设计、软件和计算机服务等方面的创意群体。《国家"十一五"时期文化发展规划纲要》明确提出了国家发展文化创意产业的主要任务，全国各大城市也都推出相关政策支持和推动文化创意产业的发展。

❋ 延 伸 阅 读 ❋

上海：在上海市教委、上海市人力资源和社会保障局联合下发的《关于做好 2010 年上海高校毕业生就业工作的通知》中提出，将积极开辟新的基层项目和领域，积极探索实施大学生社区就业计划等新的基层就业项目，在更多领域为基层输送高素质人才。

➤ 加强服务外包人才培养，对符合条件的技术先进型服务外包企业，每录用 1 名大专以上学历员工从事服务外包工作并签订 1 年期以上劳动合同的，给予企业不超过每人 4 500 元的培训支持；对符合条件的培训机构培训的从事服务外包业务人才（大专以上学历），通过服务外包专业知识和技能培训考核，并与服务外包企业签订 1 年期以上劳动合同的，给予培训机构每人不超过500 元的培训支持。

➤ 加强对高校毕业生自主创业的政策扶持力度，对成功创业的高校毕业生，在 18 个月的初创期内，符合条件的给予有关房租补贴、社会保险费补贴、贷款担保及贴息的扶持。对从事农业创业的高校毕业生，可根据吸纳就业情况，给予专项创业补贴。高校毕业生从事个体经营的，自工商登记之日起 3 年内可免交登记类、管理类和证照类的各项行政事业性收费。高校毕业生从事公益性社会服务的，也享受相关扶持政策。

➤ 2010 年高校毕业生职业见习计划于今年 7 月高校毕业生离校后开始启动，将继续提供 3 万个见习岗位的见习机会。见习时间最长 12 个月，在见习期间由失业保险基金给予当年最低工资标准 60% 的生活费补贴。

➤ 对于就业特别困难的高校毕业生，有关部门表示将继续实施就业援助计划。用人单位每吸纳 1 名经认定的就业困难大学生，由市失业保险基金给予用人单位 1 万元的一次性补贴。

➢ 高职院校也将加大生产性实训教学安排，确保高职学生毕业前有不少于半年的顶岗实习经历，对上海高校大学生参加补贴培训目录内的技能培训，鉴定合格后，由失业保险基金给予一定培训费补贴。其中，毕业学年在校学生参加中高层次职业培训的，给予 50% 培训费补贴；毕业后未就业的大学生参加职业技能培训的，给予 100% 培训费补贴。

杭州：以和谐环境吸引人。2008 年 11 月 11 日杭州市通过了《关于鼓励和扶持大学生在杭自主创业的若干意见》，从开通绿色通道，到放宽准入条件，再到创业税收优惠政策，杭州为大学生自主创业大开绿灯。主要包括：

➢ 开通工商注册、税务登记绿色通道，实行工商注册免收费。

➢ 放宽市场准入条件。大学生自主创业成立的企业，除法律、行政法规和依法设立的行政许可另有规定的，企业注册资本最低限额一律降低到 3 万元。

➢ 优化创业资助政策。为创业大学生提供商业贷款贴息或项目无偿资助。

➢ 实行房租补贴。市级大学生创业园所在地城区政府（开发区管委会）要为入园的新办大学生企业提供两年 50 平方米以内的免费经营场地。在创业园外的大学生企业租赁房屋用于创业的，由纳税地财政给予两年 100 平方米以内的房租补贴（不足 100 平方米的，按实际租用面积计），标准是第一年 1 元/（平方米·天），第二年 0.5 元/（平方米·天）（房租补贴超过实际房租费用的，按实际房租费用计）。

➢ 实施会展补贴。鼓励大学生企业参加各类会展，并实施会展补贴。对单家企业每年最多补贴 3 万元，可连续补贴三年。

➢ 落实孵化器优惠政策。对经认定的市级大学生创业园，由市财政给予一次性 50 万元的建园资助。

➢ 着力解决住房问题。对具有博士学位的创业大学生，可按规定申请购买引进人才专项住房；其他创业大学生可按规定申请入住创业人才（大学毕业生）公寓。

➢ 各类税费优惠政策。大学生新办的软件生产企业经认定后，自获利年度起，允许第一年和第二年免征企业所得税，第三年到第五年减半征收企业所得税；对大学生创办的国家重点扶持的高新技术企业，经认定后，所得税税率减 15% 征收企业所得税。新办的高新技术企业自新办之日起一至三年内，报经地税部门批准，可免征房产税、城镇土地使用税和水利建设专项资金；大学生企业从事技术转让、技术开发业务和与之相关的技术咨询、技术服务业务取得的收入，免征营业税；月营业额在 5 000 元以下的，免征营业税。

合肥市：2009 年 7 月 25 日，市政府出台文件《关于鼓励创业促进就业工作的意见》明确提出 4 项目标任务：3 年内，全市每年新增个体工商户 10 000 户以上、私营企业 8 000 户以上、非正规就业组织 1 000 个以上、带动就业 12.5 万人以上。

➤ 降低准入门槛，放宽创业领域。凡法律法规没有禁止的行业和领域，各类创业主体均可进入，并平等享受相关优惠政策。

➤ 放宽注册冠名。依法申办的企业、个体工商户，冠市名不受注册资本限制，冠"安徽"省名由市工商局直接联网申报核准。

➤ 放宽预备期营业执照范围。凡企业申请登记的经营范围涉及前置行政审批而暂不能提交审批文件、证件的，工商机关可在该经营范围后标明"筹备"字样，颁发筹备期营业执照。

➤ 大学生创业注册资本"零首付"。毕业2年内的高校毕业生投资设立50万元以下的有限责任公司可"零首付"注册，自公司成立之日起3年内缴足注册资本。

➤ 明确非货币资产注册比例。允许投资人用知识产权、科技成果等非货币资产作价出资创办中小企业，无形资产出资额最多可达企业注册资本的70%。

➤ 免收行政事业性收费。对高校毕业生、登记失业人员、返乡农民工等依法兴办实体的，自工商行政管理部门登记注册起3年内，免收工商、卫生、民政等涉及管理类、登记类和证照类的各项行政事业性收费。

➤ 扶持初始创业。对毕业2年内的高校毕业生和中等职业技术学校毕业生、登记失业人员、返乡农民工等依法从事个体经营的，除免收有关行政事业性收费外，对自筹资金不足的，可申请不超过5万元的小额担保贷款；符合小型微利企业条件的，减按20%的税率征收企业所得税，并按规定给予一定比例贷款贴息。

➤ 创业扶持优惠政策。对非正规就业组织，3年内免于工商登记注册；正常经营12个月以上，依法缴纳社会保险费的，给予创业者2 000元/人一次性补助，属于就业困难人员的给予4 000元/人一次性补助；对创业实体吸纳登记失业人员，且签订1年以上劳动合同、依法缴纳社会保险费的，按吸纳人数给予1 500元/人一次性补助，属于就业困难人员的给予2 000元/人一次性补助。

➤ 建立创业扶持资金。3年内全市建立1亿元创业扶持专项资金。

➤ 建立创业服务体系。2009年，市、县、区（开发区）劳动保障部门要成立创业服务中心，提供"一站式"、"一条龙"服务。街道（社区）、乡镇要设立创业服务所（站），行政村设立兼职信息员。

➤ 建立创业实训基地。认定一批创业成功的典型企业，培育一批创业实训基地，为创业培训合格者提供3~6个月创业实训。对经过实训基地培训且在6个月内实现创业的，按每人500元给予实训基地一次性补贴。

➤ 建设创业孵化基地。四区三个开发区要不断扩大创业园和创业示范街经营面积，每年新增量要达到18 000平方米以上，各自形成10个以上的创业示范点。

第三节　创业计划书的编制

创业前我们通常都要完成一份创业计划书，对初创的企业来说，一个酝酿中的项目，往往很模糊，通过制订创业项目计划书，把正反理由都书写下来，而后再逐条推敲。创业者这样就能对这一项目有更清晰的认识。对于正在寻求资金的企业来说，创业项目计划书就是企业的电话通话卡片。创业项目计划书的好坏，往往决定了投资交易的成败。

职业故事

　　小娟是某艺术职业院校表演专业的学生，在校期间她就学习了音乐、舞蹈、形体、表演、语言等专业课程。毕业后起初应聘于一家企业，该企业重视企业文化，于是小娟一被录用后立刻感觉到有了施展自己才华的空间。小娟平时除了完成自身岗位的工作，更是积极投入到各类企业文化活动，小娟的艺术特长和才艺也很快得到了领导们的器重。一次偶然的机会，因为即将到来的一项重大活动，小娟被选中给部分企业员工上礼仪课和形体课，在这次培训的过程中，小娟发现了新的契机，那就是企事业单位的员工礼仪培训。她越来越觉得随着一些企业的发展，员工的精神面貌尤其体现在他们的仪表形态上日益被重视。于是小娟毫不犹豫地辞了职，和她几个要好的伙伴、同学一起创办了一家礼仪培训机构，专门为一些企事业单位进行员工的礼仪培训，小娟通过深入市场进行调查，做出了一份详尽的创业计划书，由于小娟扎实的基本功加上在企业锻炼积累的经验，她的计划书很快得到了认可，被一家投资机构相中，小娟开办礼仪培训机构的愿望终于实现了，由于前期计划周全仔细，加上小娟等一帮年轻人的努力，这个培训机构越办越红火。

透过现象

　　案例中的小娟，正是由于前期计划周全，创业计划书详尽，因而被投资机构相中，最终取得了成功。创业计划书是将有关创业的想法，借由白纸黑字最后落实的载体。创业计划书的完成好坏，往往会直接影响创业发起人能否找到合作伙伴、获得资金及其他政策的支持。

　　创业计划书的起草与创业本身一样是一个复杂的系统工程，不但要对行业、市场进行充分的研究，而且还要有很好的文字功底。对于一个发展中的企业，专业的创业计划书既是寻找投资的必备材料，也是企业对自身的现状及未来发展战略全面思索和重新定位的过程。艺术类学生感性有余，理性不够，他们往往对未来充满无限遐想，他们很容易受到启发、刺激，很快产生一些想法，可是任何创业离不开合理、客观、科学的预测和分析，编写创业计划书实际上是很好的一次预演，可以通过进行市场调查避免一些风险，通过提前进行分析帮助艺术类学生进行理性的思考。本节将会详细讲述创业计划书的编写，提供一些比较成熟完善的创业计划书以供大家参考。

——————————| 专 家 评 述 |——————————

一、创业计划书的概念

创业计划书，又称为商业计划书，它是企业或项目单位为了实现招商融资和其他发展目标，在经过对项目调研、分析及搜集有关资料的基础上，根据一定的格式和内容的具体要求，向投资商及其他相关人员全面展示企业及项目目前状况，以及未来发展潜力的书面材料。创业计划书是企业的行动纲领和执行方案，是企业家的指导性文件。

编写创业计划书的重要性在于：

第一，创业计划书可确定即将创立的新企业在市场上的可能性、生产与技术上的可行性、组织与管理的能力和财务上的可行性。这样，企业家就能在进行任何形式的投资前通过制订商业计划来了解财务承担额和回报。

第二，由于它是一项计划书，因此可以用它作为参考性文件来确定是否在按计划进行运作。

第三，创业计划书可通过考虑启动和经营企业的各个方面来降低企业家的风险。

第四，创业计划书是一份帮助从银行、金融机构或其他任何捐助者那里获取资金援助的文件。

二、创业计划书的内容

商业计划书的基本组成部分包括执行概要、市场营销计划、生产与技术计划（服务生产与服务提供计划）、组织管理计划和财务计划。

1. 执行概要

它放在最前面，但却是其他四个计划完成后所做的摘要。执行概要是对四个分项计划进行归纳概括，帮助企业家对他们推出的新商业创意做出总结。

2. 市场营销计划

它为所有计划之首。大多数企业家在开始生产之前，往往忘记了识别市场机会的重要性。确立目标市场是编制创业计划书的第一步。

企业营销计划通常由四个基本要素构成，即产品、价格、地点和促销。这四个要素的设计、实施和评估构成一个企业营销活动的主体部分。

（1）产品。

产品是任何可以满足某种需要或需求并能通过交换的过程获得的事物。产品可以是货物、服务、创意或三者的组合。

货物是有形的物体。服务是无形的，但它能为顾客带来直接利益。理发、保健、复印以及邮政都是服务的例子。

当顾客购买了一项产品时，他们不仅购买了有形的特征而且购买了无形的品质，包括功能上、社交上和心理上的获益。例如：尽管电脑是一项有形货物，但它也包含了无形的品质，如保修期、客户服务或对电脑质量的看法。

（2）促销。

促销是用来告知、说服和提醒市场关于该企业以及其产品的信息的要素。基本说来，促销是一种施加影响的尝试。一项促销行动无论采用何种形式，其最终目的都是为了影响受众的感受、信念或行为。促销必须采用非欺骗性的方式。

促销的方式包括：个人销售、广告、促销活动、公共宣传和公共关系以及这几者的组合，用来帮助企业实现其营销目标。

个人销售是指向潜在的顾客宣传一项产品。在所有的企业中，投入个人销售的金钱比投入任何其他促销方式的都要多。广告是一种有偿性非个人大众传播方式，其中发起者能得到明确的识别。最常见的形式有广播（电视和电台）和印刷品（报纸和杂志）。促销活动是设计用来配合广告和协调个人销售的一种方式。促销活动包括一些对推销人员和消费者来说类似比赛的游戏、商业展出、店内陈列、样品、奖励和优惠券。公共宣传类似于广告，因为它也是一种刺激需求的大众传播方式。公共宣传的独特之处在于它并不具有有偿性，并且它具有作为新闻素材的可信性。企业采用新闻发布、记者招待会和照片的形式不断地为公共宣传提供素材。公共关系比公共宣传的目标性更强。它是企业用来影响特定群体的态度和看法而采取的一项有计划的行动。目标群体可以是客户、股东、政府机关或一个特殊的利益集团。

（3）地点。

地点，或称分销策略，是关于货物如何送达顾客、以多快的速度以及以何种条件送达的决定。运输、储存、物料搬运等属于有形的分销活动。选择批发商、零售商或其他类型的经销商也是一项有关地点的活动，因为这些中间商构成了分销的渠道。分销渠道是相关的营销组织从生产者处将产品带给消费者的完整过程。其目的是实现产品所有权和/或拥有权的转移。

（4）价格。

消费者愿意支付的价格取决于他们期望从产品那里得到的满足或效用的程度。价格有多种表现形式。例如：保险公司收取的保险费、您的代理律师收取的律师费、出租车收取的车费以及公寓收取的租金。无论对价格的描述如何，其目的都是为了向消费者传达所提供的产品在市场上的价值。在营销的所有因素中，价格可能是最富有弹性的一项。相比起变化产品、改变促销计划或重新规划分销体系而言，企业可以更轻易地调整价格。

价格也是营销要素中唯一与收入直接相关的因素。产品、促销和分销活动需要的是公司的支出；只有产品的价格决定了公司能收入的金钱。因此，价格影响着企业的利润这项对企业长期生存至关重要的因素。定价决策有很多种。包括：需求导向定价法、成本导向定价法、成本加价定价法、竞争导向定价法等。

3. 生产与技术计划

生产与技术计划主要包括产品制造和技术设备现状；新产品投产计划；技术提升和设备更新的要求；质量控制和质量改进计划。

在寻求资金的过程中，为了增大企业在投资前的评估价值，创业者应尽量使生产制造计划更加详细、清晰。一般地，生产制造计划应回答以下问题：企业生产制造所需的厂房、设备情况如何；怎样保证新产品在进入规模生产时的稳定性和可行性；设备的引进和安装情况，谁是供应商；生产线的设计与产品组装是怎样的；供货者的前置期和资源的需求量；生产周期标准的制定以及生产作业计划的编制；物料需求计划及其保证措施；质量控制的方法是怎样的，等等。

4. 组织管理计划

在这一阶段企业家须决定他们的企业应采取何种组织形式以及如何管理它。它包括企业类型、项目业主的能力情况、组织结构、人员招聘、选拔与培训等。

企业类型指企业是独资企业、合伙企业还是有限责任公司以及选择的原因。项目业主的能力情况指创业者以及商业伙伴的情况，包括项目业主的背景，创办该企业所拥有的经验与背景；是否有任何商业合作伙伴？如果有，他们的经验与背景如何？组织结构即企业中不同角色、不同职位组织起来的方式，通常以结构图的形式表示。在画组织结构图之前，应对不同的任务以及什么人负责什么任务考虑清楚。人员招聘是指如何招聘、选拔和培训您的员工，包括招聘策略，即如何吸引人才应聘加入你的企业；选拔策略，如何从应聘人员中选拔人才，会采用什么选拔标准；培训策略，怎样培训那些经选拔后进入企业的人员。

5. 财务计划

财务计划是创业计划书的重要环节，是鉴定企业家期待创立的整个商业创意的财务可行性。它的重要性体现在：第一，好的财务计划可以支持创业计划书为企业的发展所定下的具体方向和重点，可以使员工和企业的出资者以及供应商、销售商等了解企业的经营状况和经营目标。第二，好的财务计划可以让投资者增强投资的信心。财务计划可以让投资者了解企业经营状况，把握投资的财务风险。第三，好的财务计划不仅能够说明创业企业预期的资金需求量，还能提出创业企业的资金需求计划。第四，好的财务计划书能反映企业良好的管理水平。相反如果财务计划准备得不好，会给投资者以企业管理人员缺乏经验的印象，降低风险企业的评估价值，这不但会增加企业融资的难度，同时也会增加企业的经营风险。

财务计划主要包括成本的预测、收入的预测、预测利润表（损益表）的编制、预测现金流量表的编制、预测资产负债表的编制。

三、创业计划书模板

1. 用于生产型项目的商业计划书格式

执行概要

市场营销计划

  产品描述

  目标细分市场

  目标市场地区

  需求分析

  供应分析

  缺口分析

  竞争对手的市场营销策略

    产品策略

    分销策略

    促销策略

    价格策略

  项目的市场营销策略

    产品策略

    分销策略

    促销策略

    价格策略

  销售预测

  用于营销的固定资产

  总营销费用

生产与技术计划

  生产设施的地点及介绍

  相关生产方式/生产程序

  生产计划

  固定资产需求与成本

  固定资产来源与购置条件

  工厂产能与产能利用

  原材料需求与成本

    直接材料需求

    每年直接材料成本

    直接材料的来源与供应情况

  直接劳动力需求与成本

    直接劳动力需求

    直接劳动力成本

    直接劳动力的供应情况

  工厂管理成本

    间接材料

間接劳动力

其他间接成本

工厂总管理成本

总生产成本与单位生产成本

组织管理计划

企业类型

企业名称与标识

项目业主的能力情况

组织结构

关键岗位及其职责说明

人员招聘、选拔与培训

招聘策略

选拔策略

培训策略

行政人员成本

办公室行政管理所需的固定资产

维修保养

办公室布局

营运前的活动及其费用

组织管理费用

财务计划

项目总成本

融资计划

贷款担保

贷款偿还与利息计算

损益表预计

现金流量表预计

资产负债表预计

盈亏平衡分析

财务/投资分析

财务假设

2. 用于服务型项目的商业计划书格式

执行概要

市场营销计划

产品描述

目标细分市场

目标市场地区

需求分析

供应分析

缺口分析

竞争对手的市场营销策略

产品策略

分销策略

促销策略

价格策略

项目的市场营销策略

产品策略

分销策略

促销策略

价格策略

销售预测

用于营销的固定资产

总营销费用

服务生产与服务提供计划

服务部门的位置

服务部门的布局

服务生产流程图

服务生产与服务提供所需的固定资产

能提供的服务量

原材料的供应情况与原材料计划

人力资源

服务部门的开支

服务生产与服务提供成本

组织管理计划

企业类型

企业名称与标识

项目业主的能力情况

组织结构

关键岗位及其职责说明

人员招聘、选拔与培训

招聘策略

选拔策略

培训策略

行政人员成本

办公室行政管理所需的固定资产

维修保养

办公室布局

营运前的活动及其费用

组织管理费用

财务计划

项目总成本

融资计划

贷款担保

贷款偿还与利息计算

损益表预计

现金流量表预计

资产负债表预计

盈亏平衡分析

财务/投资分析

财务假设

★ 课 后 练 习

创业项目一：月嫂行业是近年逐渐火爆的新兴行业，但目前还没有形成针对这个行业的有效管理。五个医科大学毕业生准备创办一个公司——月子护理中心，以输出自主培训的专业产后服务人员为主。

创业项目二：我国正逐步迈入老年化社会，老年人的健康已成为社会和人们关注的焦点，四个大学毕业生准备成立"老年中心"，主要以提供 60 岁以上老年人的医疗保健和健康咨询服务为主。

请针对此两个创业项目，选其一，按照以上创业计划书的格式编写一份完整的创业计划书。

参 考 文 献

[1] 元静著：《大学生就业与创业指导》，吉林大学出版社 2010 年版。

[2] 侯丽萍，等著：《大学生职业发展与生涯规划》，中国传媒大学出版社 2010 年版。

[3] 钟谷兰，等著：《大学生职业发展与生涯规划》，华东师范大学出版社 2008 年版。

[4] 李鹏祥著：《大学生自主创业指导》，北京大学出版社 2011 年版。

[5] 张文双，等著：《大学生就业与创业指导教程》，中国传媒大学出版社 2010 年版。

[6] 郑日昌著：《大学生心理健康——自主与自助手册》，高等教育出版社 2007 年版。

[7] 林清文著：《生涯发展与规划手册》，世界图书出版公司 2009 年版。

[8] 姬振旗，等著：《职业生涯发展》，高等教育出版社 2011 年版。

[9] 仝广东著：《大学生职业发展与就业指导》，东南大学出版社 2009 年版。

[10] 庄明科，等著：《职业素养入门与提升》，北京理工大学出版社 2009 年版。

[11] 张厚粲著：《实用心理评估》，中国轻工业出版社 2005 年版。

[12] 陈胤，等著：《大学生职业生涯规划》，武汉大学出版社 2009 年版。

[13] 郝登峰著：《大学生就业创业理论与方法》，人民出版社 2010 年版。

[14] 魏潾，等著：《大学生职业生涯指导——规划·发展·未来》，科学出版社 2010 年版。

[15] 李自璋著：《高职高专学生心理健康与成长》，科学出版社 2009 年版。

[16] 张国成，等著：《大学生心理健康教育》，北京大学出版社 2008 年版。

[17] 俞文钊著：《职业心理与职业指导》，人民教育出版社 1998 年版。

[18] 程艺著：《大学生职业发展与就业指导》，合肥工业大学出版社 2009 年版。

[19] 刘平著：《大学生创业教程——理论与实践》，清华大学出版社 2009 年版。

[20] 马良著：《创业实训通用教程》，高等教育出版社 2009 年版。

[21] 王英杰，等著：《创业教育与指导》，机械工业出版社 2006 年版。

[22] 熊飞，等著：《创办一个企业》，机械工业出版社 2005 年版。

[23] 张天桥，等著：《大学生创业第一步》，清华大学出版社 2008 年版。

[24] 顾颖，等著：《中小企业创业与管理》，中国社会科学出版社 2006 年版。

[25] 《中华人民共和国劳动合同法》，人民出版社 2007 年版。

[26] 《中华人民共和国就业促进法》，人民出版社 2007 年版。

[27] ［澳］罗伯特·彭斯著，雷丽萍译：《缓解紧张——处理应激增进健康 10 法》，新华出版社 2005 年版。

[28] ［美］里尔登，等著，侯志瑾译：《职业生涯发展与规划》，高等教育出版社 2005 年版。

[29] ［英］菲利普·卡特，等著，柯江华译：《超级心理测试》，中国计划出版社 2004 年版。

[30] ［美］赫伯特·A. 西蒙著，詹正茂译：《管理决策新科学》，机械工业出版社 2007 年版。

[31] ［美］海因茨·韦里克，等著，马春光译：《管理学：全球化与创业视角》，经济科学出版社 2011 年版。

[32] ［美］雷恩·吉尔森著，彭书淮译：《选对池塘钓大鱼》，机械工业出版社 2004 年版。

[33] ［美］莉迪娅·安德森著，王佳艺译：《初入职场：美国 AAA 级职业规划指导手册》，中国人民大学出版社 2010 年版。

[34] 麦可思研究院著：《2011 年中国大学生就业报告》，社会科学文献出版社 2011 年版。

[35] 王淼：《大学生职业决策风格、职业决策自我效能和职业决策困难的关系》，河南大学硕士学位论文 2010 年。

[36] 邱志海：《某医科大学学生职业决策自我效能与心理健康状况、家庭环境的关系及干预方法的探索研究》，安徽医科大学硕士学位论文 2010 年。

[37] 林娟，马丽：《高职毕业生职业适应水平和影响因素的实证研究》，《长沙通信职业技术学院学报》2011 年第 1 期，第 76~81 页。

[38] 何期：《大学生职业决策中家庭因素分析及对策》，《学术论坛》2008 年第 6 期，第 182~189 页。

[39] 苏益南：《大学生创业环境的结构维度、问题分析及对策研究》，《徐州师范大学学报》（哲学社会科学版）2009 年第 6 期，第 117~121 页。

[40] 李石纯：《浅议大学生创新精神与创业能力的培育》，《中国高等教育》2006 年第

24 期,第 55 页。

[41] 杜杰:《大学生创业教育的思索》,《山东电力高等专科学校学报》2007 年第 4
期,第 1~3 页。

[42]《职场规则》,http：//manage. org. cn/.

[43]《高校毕业生就业有关文件汇编》, http：//www. lm. gov. cn/zb/gxbysjyfg/
node_3313. htm.

[44]《面试专栏》,http：//yjbys. com/mianshi/.